実践詳解 精神分析16講 上

フロイト理論の誕生と展開

吾妻壮 Agatsuma Soh

岩崎学術出版社

目　次

第1講　イントロダクション

精神分析のイメージ

　精神分析というと、皆さんはどういうイメージを持っているでしょうか。「精神分析とは何だと思いますか？」と聞いてみると、目の前の患者を実際に分析する臨床実践としての精神分析を思い浮かべる人は少なく、本を読んで勉強をするものであるとか、人の性格の分類をするものであるなどといった、学問の一つとしての精神分析のイメージを語る人の方が多い印象です。そして精神分析を学ぶということは、精神分析の実践について学ぶということよりも、精神分析の理論を学ぶことだ、という印象を持っている人も結構多いものです。

　日本語には、精神分析という言葉以外に、精神分析学という言葉もありますから、そう思うのも無理はないかもしれません。しかし、英語では、この精神分析学という言葉に当たる言葉がなかなか見つかりません。精神分析は英語でpsychoanalysisですが、精神分析学はどうなるかというと、うまい言葉がないのです。psychoanalytic studiesという言葉があって、それが精神分析学という日本語に一番近い英語かと思います。あとは、精神分析を学問として研究する人を指す言葉としては、psychoanalytic scholar という言葉もありますが、あまり使われることのない言葉です。

一方、精神分析家という言葉があります。こちらはどうでしょう。精神分析家という言葉は、精神分析を実践する人のことを指しますが、こちらは、psychoanalyst と呼ばれています。

精神分析家になるために必要な訓練は、精神分析学の研究者になるために必要なことと、一部重なるとは言え、だいぶ違うものです。一人前になったあとも、もっぱら精神分析の実践に従事している精神分析家たちと、もっぱら精神分析学の研究に従事している研究者たちは、一緒の学会に所属していることもあるのですが、別々にそれぞれの専門の学会を持ち、それぞれに活動することが多いのです。

日本の本屋に行くと、精神分析関連の本がたくさんあります。私は精神分析家になるための訓練を主にアメリカで受けたのですが、興味深いことに、アメリカの方が精神分析の臨床実践はずっと盛んであるにもかかわらず、普通の本屋に並んでいる精神分析関連の本は日本とせいぜい同じくらいか、あるいは日本よりも少ないくらいなのです。

日本の本屋には、精神分析の臨床実践を行っている人を対象にしているわけではない精神分析関連の本が結構多いように思います。哲学や思想、文学を学んでいる人のための精神分析の理論書が相当数並んでいて、さらに、一般の方を対象にしている精神分析関連の本も結構並んでいます。アメリカの本屋にも精神分析関連の本はたしかにたくさんあるのですが、臨床実践のプロ向けの本が多い印象です。

精神分析学の研究のための本であれ、一般向けの本であれ、精神分析関連の本が日本でたくさん出版されていることは素晴らしいことだと思います。ただ、研究対象としての精神分析のイメージだけではなく、臨床場面で実践するものとしての精神分析のイメージが日本でもさらに広がると、より多くの人に精神分析の全体像を知ってもらえるのではないかと思います。

精神分析の基本としての実践

研究対象としてであれ、あるいは隣接領域研究のツールとしてであれ、精神分析への関心が高まることは、歓迎すべきことだと思います。

しかし、精神分析を日々実践している一人の精神分析家として、私はやはり精神分析の基本はその臨床実践にある、と考えています。精神分析の本を読むことは、それはそれで意義のことがあることだと思いますが、精神分析の本を読むことと精神分析を実際に実践することはかなり違う体験です。精神分析を実践してみると、精神分析についてそれまで学んだり考えたりしていたこととは違って、なかなか一筋縄ではいかないものだということが分かってきます。臨床実践と理論は、別の生き物のように違うのです。

「同じようなことは実践と名の付くものの多くに言えることで、精神分析だけに当てはまることではないのではないか？」という意見もあるかもしれません。たとえば、精神医学は実践的な学問です。だから、「精神医学が実践的な学問であるように、精神分析は実践的なものなのですね」という考えが浮かぶかもしれません。それはある程度正しいのですが、正確ではないと言えます。その理由ですが、精神医学を学び、そのうえでそれを実践しようとすると、どこかの時点で、「ああ、なるほど、あのとき学んだように理解すればよいのだな」と考えるということがおきます。精神医学の場合はそれでよいのです。精神医学では、「この患者はこういう症状を呈していて、こういうふうに診断することができるから、これこれの治療法をすればよい」と考えて、「この人には薬物療法」、「この人には支持的心理療法」、「この人には精神科リハビリテーション」などと、処方的に対処することが多いのです。

でも、目の前の精神分析の臨床実践はそういうものではありません。同じ実践といっても、かなり違うものです。精神分析の臨床実践においては、なぜ今目の前のこの人にこういう反応を自分がしているのか、なぜ自分はそういう関係をこの患者さんと持つに至っているのか、そのことはこの患者さんの心の世界の何を表しているのか、そしてこの患者さんと分析家である自分の関係の何を表しているのか、などということを徹底的に考える必要があります。そのように、患者さんに直に関わっていくことによって分析を進めていくことこそがもっとも重要なのです。それくらいの直接性と強度がなければ、人のこころを本当の意味で分析するということはできません。「この人は超自我がちょっと強いから、そこを解釈しよう」と思って、「あなたにはこういうところがありますね」などと解釈することで良くなる場合もありますが、それだけでは良くならないことがしばしばあって、そこから先の世界が本当の精神分析なのです。そこが精神分析と精神医学が大きく異なる点です。

精神医学は精神分析と同じく実践の学ですが、対象と距離を取っています。一方、精神分析の臨床実践は、関わりそのものであって、むしろ、対象から離れて冷静に観察して考える、という精神医学的なスタンスが損なわれるところから始まるものです。

人の悩みの中でも、特にその人のあり方そのものに関する悩みというものは、それくらいまでいわば突っ込んで関わらないと変わらないものです。**転移** *transference*、**逆転移** *countertransference* という精神分析の用語を聞いたことがある方も少なくないと思いますが、それらは、そのようにその人のあり方そのものに、突っ込んで関わるときにおこる現象を指す言葉です。学問として勉強して、正しい考えや良い考えを処方してやる、投与してやる、という発想を越えて、人のあり方に深くかかわることでしか到達できないこころの領域を探究することが求められるときにこそ、精神分析が登場する必要があるのです。

世の中には、より良い考えというものはたくさんあります。しかし、多くの人は、そういう良い考えを学んだとしても、すぐにそれを取り入れて実行に移すことができないものです。「こういうことはしない方がどう考えてもいいのに」と思いつつ、でもついつい問題だと分かっていることをしてしまう、止められない、その結果いつも同じ事態を招いてしまう、そういうことに悩んでいる人が少なからずいます。そういう人に「こういうふうにするといいですよ」という助言をしても、それだけではなかなかよくならないものです。そういう人を助けるためには、患者さんの世界を共に生きるところから始める必要があるのです。

そのような臨床実践は、学問というよりも、体験です。それが精神分析なのです。それが最初に言っておきたいことです。

臨床ディシプリン

精神分析の特徴についてもう少し話しましょう。精神分析の第一の特徴は、それが**臨床ディシプリン** *clinical discipline* である、ということです。そしてそれは、**ジークムント・フロイト** *Sigmund Freud*（1856–1939）によって始められました。

臨床家になることを志していない方の中には、今こうして自分が精神分析の講義を聞いていることの意義はそれでは何なのか、と思う方もいるかもしれませんが、「そういう精神分析の臨床実践というものがあるんだ」ということを分かってもらえたらと思います。精神分析は臨床実践が基本だということを理解した上で、精神分析について学んだことをほかの領域の自分の仕事に生かすことができるかもしれません。ただ、知的な理解が先走ってしまうと、精神分析のエッセンスを失うことになってしまいますので、気をつけてください。

人を前にして、すなわち実際の患者さんを前にして、そこからすべてが始まります。ですから、そういう臨床実践をするということが全くない状態で、机の上で考えて、そこから何か重要な精神分析の貢献が生まれてくるということはあまりありません。「こう考えると良いかもしれない」、「こういうことを患者さんに言うと良いかもしれない」というアイデアが浮かんだとしても、それを実際に試してみて精神分析が首尾よく進んでいったということが示されなければ、それは机上のアイデアに過ぎなかった、ということになります。

臨床の場を離れての精神分析の理論的探究から得られる知見、あるいは実験室の中の研究から得られる知見は、それはそれで、貴重なものだと思います。ただ、それらの知見が実際に精神分析の実践に生かせそうだ、となっても、精神分析家がそういう知見をそのまま精神分析実践に取り入れるということは複雑な意味を持ちます。なぜなら、そのように分析家が精神分析の外部の知見を精神分析プロセスの中に持ち込むということ自体が、その分析家と精神分析プロセスの何かを表しているかもしれないからです。それはたとえば、患者と分析家の関係があまりにも破壊的なものになりつつあることへの分析家の不安の高まりを示しているのかもしれません。分析家は、自分の不安の由来について自分自身で分析することができなければなりませんが、それができずに、理論的な何かを外から導入することで自分の不安を収めようと試みているのかもしれません。精神分析においては、外部から知見をそのように持ち込んでしまうことの意味を分析することが重要になります。

精神分析を学びだして間もないある男性治療者は、目の前の若い男性患者との関係がどこかうまく行っていないと感じ、不安になっていました。何とかしなければならない、と感じ、何とか今の状況を理解するための助けになりそうな理論を求めて精神分析の文献を読むことに夢中でした。しかし状況は変わりませんでした。そこで彼はスーパーヴァイザーに助けを求めました。スーパーヴァイザーは、彼がしていることは、思春期の息子との間がギクシャクして困ってしまっている父親が、息子にまずはきちんと向き合って話すこともしないで他の誰かに相談しに行ったり、本を読んだりしているのと同じだ、と言いました。そして、他の人や本の考えを借りてきても、それはいわば他の人の衣装を着て他の人になりすまして息子に接するようなものだから、本の世界を去って目の前の患者の話を聴くことにまずは集中しなさい、とその治療者に助言しました。

答えは、本の中よりも、今ここにおける患者との関わりの中にあるのです。誤解のないように言っておくと、知的理解が精神分析にとって重要であるのは間違いありません。しかし、知的理解は、知的理解そのもののためではなく、分析上の困難を避けたり、収めようとするために用いられることがしばしばあるため、そういったことが起こっていないかを分析することが重要です。精神分析の実践において大切なのは、知的に理解して分析上の困難を乗り越えてしまおうとすることではありません。そうではなくて、むしろ困難の内部に留まって、その中から理解が生まれてくるまでそこに存在し続けることの方が大切なのです。

無意識の探究

精神分析のもう一つの重要な特徴は、こころの**無意識的** *unconscious* な領域を探究するものだ、ということです。無意識を探究しないと、精神分析とは呼べません。精神分析は、本人が全く気づいていないことが本人の訴える辛さに関わっているだろう、という考えのもとに実践するものです。

それでは、無意識を探究するとそれはすべて精神分析になるのか、と言うと、そうではありません。無意識を探究することと精神分析はイコールではないのです。無意識を探究しているけれども精神分析家とは呼ばれていない人を考えてみましょう。すると、カール・グスタフ・ユング Carl Gustav Jung の名が第一に浮かびます。ときどき、ユングは精神分析家だと思っている方がいるのですが、ユングは精神分析家ではありません。ユングは、**分析心理学** *analytic psychology* という独自の心理学をうち立てた人で、分析心理学者です。ユング自身、精神分析家だと思われるのは心外でしょう。

ユングはもともとは精神分析の内部にいた人で、フロイトに大いに嘱望されていたのですが、フロイトと意見が合わなくなって決裂し、精神分析の世界を去ってしまいました。その理由ですが、一つには、ユングが**個人的無意識**だけではなく、**集合的無意識**というものに言及し始めたということがあります。そのほかにも、ユングは錬金術に関心をもったり、オカルトの研究をしたりするなどしたため、フロイトにはユングの考えは受け入れ難い、どこか危ういものに映ったようです。フロイトに言わせれば、ユングは無意識の概念を拡張しすぎていたのです。そのような事情で、ユングの分析心理学は、同じく無意識を扱うものでありながら、精神分析の外部に位置づけられることになりました。

フロイトの位置づけ

次に、フロイトの独特の位置づけというものが精神分析のもう一つの特徴としてあげられます。精神分析の中にはいくつかの**学派** *Schools* があるのですが、これらに共通しているのは、フロイトの考え方を強く意識しており、全面的な継承であれ、部分的継承であれ、フロイトの仕事の延長線上に自分たちを位置づけ、考え、実践しているということです。いろいろな学派があって、フロイトの考え方を支持するなり反対するなり、立場はさまざまですが、どの学派でも、いつもフロイトのことが頭にはあって、フロイトが打ち立てた分野であるということをずっと意識しているものです。

他の一般的な学問の世界にも学派というものがあると思いますが、精神分析ほどに創始者が意識されるということはおそらくないのではないでしょうか。精神分析は学問とはそういう意味でも少し違います。なぜ精神分析の世界がこのようになったのか、ということは、かなり複雑なことだと思いますのでここで簡単に説明することはできませんが、おそらく、人間のこころの根本的なあり方と関係しているのでしょう。こころの深みにわけ入るような探究をしようとすると、どうしても精神分析のような集団形成のあり方になっていくのではないかと思います。そしてそれは、精神分析が、精神分析家自身を深く巻き込むものだということに関係しているのでしょう。

精神分析の学派

精神分析がいくつかの学派に分かれているという話をしましたが、そのことをもう少し具体的に話しましょう。これから何回も学派の名前は出て来ますので、よく覚えておいてください。

第一に、**自我心理学派** *Ego Psychology School* です。第二に、**対象関係論学派** *Object Relations School* です。対象関係論の中には、**クライン派** *Kleinian School* と**独立学派** *Independent School* があります。独立学派は**中間学派** *Middle School* とも呼ばれています。第三に、**自己心理学派** *Self Psychology School* です。第四に、**対人関係学派** *Interpersonal School* および**関係学派** *Relational School* です。最後の二つはかなりオーバーラップしているので、まとめて、**対人関**

係・関係学派 *Interpersonal/Relational School* とも呼ばれています。このように精神分析はいくつの学派に分かれているのですが、何々派、何々派、というものがあるところは、まるで、どこか別の世界、たとえば宗教とか政治の世界のようです。このように派閥に分かれているのですが、それでも皆何らかの形でフロイトの仕事に負っているというのは、さっき話した通りです。

精神分析と科学

精神分析は科学なのでしょうか？　この問いについて考えてみることは重要だと思います。実は、フロイトは、精神分析を科学の一部として打ち立てようとしていました。フロイトのこの考え方は現代の一部の精神分析家にも受け継がれています。そうした精神分析家たちは、経験と観察にもとづいて精神の病の原因の探索とその治療を目指すものとして精神分析を考えています。

しかし、そのような考え方に対して痛烈な批判が向けられた歴史が精神分析にはあるのです。有名なものとして、たとえば哲学者のカール・ポパー Karl Popper による批判というものがあります。ポパーは、精神分析が科学であるためには、精神分析が間違っている可能性を検証できなければならない、と論じました。間違っている可能性を検証できること、これを**反証可能性** *falsifiability* と言いますが、精神分析においてはそれが担保されていない、とポパーは論じました。したがって、ポパーによれば精神分析は科学ではないのです。

ポパーの議論は、説得力があるように聞こえます。実際、今でもポパーの議論を引用して、精神分析は科学ではない、とする人も少なくありません。しかし、ポパーの議論が正しいかどうかを判断するためには、もう少し注意深い議論が必要です。そのような議論の一つは、同じく哲学者のアドルフ・グリュンバウム Adolf Grünbaum によって提示されています。実は、グリュンバウムもまたフロイトの批判者で、精神分析は科学ではないと言っているのです。しかし、グリュンバウムの精神分析批判は、精神分析プロセスにおける治療者の理解と解釈が患者の無意識的なこころの中のものと一致 tally with したときにだけ、患者の無意識的問題が解決する、というフロイトの議論に向けられたものでした。グリュンバウムは、ポパーの反証可能性の議論については、妄想などの一部の精神病理では実は反証可能である、と述べて、それを退けたのでした。

また、精神分析はたしかに自然科学 natural science ではないかもしれないが、それは解釈学的 hermeneutic な方法論を取る人文科学 human science の一種なのだ、とする議論も、ユルゲン・ハーバーマス Jürgen Habermas やポール・リクール Paul Ricoeur といった哲学者たちによってなされています。

以上のように、精神分析は科学なのかという問いは複雑なのですが、少なくとも、物理学や生物学のように、あっさり、自然科学だ、と言い切ることは難しそうです。

精神分析と宗教

精神分析が科学だとは言い切れないとしたら、それでは一体何なのでしょうか。いろいろな意見があるのですが、その中の一つは、精神分析は宗教だ、というものです。フロイトをはじめ、少なからぬ数の精神分析家が自分たちのやっていることは科学だ、と言っているわけですから、精神分析は宗教だ、という意見は精神分析に対するなかなか厳しい批判です。

精神分析は宗教だという意見を冷静に検証してみましょう。精神分析には、宗教を思わせる特徴が確かにあります。たとえば、創始者の考えに対する態度を考えてみましょう。宗教で言えば、教祖の考えというものは、批判するべきものではありません。宗教というのは、完全性という概念とつながっていて、教祖はそのような完全性への橋渡しをしてくれる役割を担っています。精神分析には、批判を超えて伝統を継承しようとする傾向や、反論への非許容的態度など、宗教を思わせる特徴が確かにあります。でも、それではフロイトの言っていることを聖典のように扱っているかというと、そういうことはありません。フロイトを批判することは全く問題ないことです。実際精神分析の学会などでも、フロイト批判というものはいくらでも行われています。そのような場で、フロイトが言っていたことは間違いだらけだった、と大勢の精神分析家の前で言ったところで、精神分析の世界から追い出されるということはありません。

フロイトという人は、超人的という言葉がふさわしい人で、圧倒的に優れた頭脳をもっていて、極めて独創的で、その上驚くほどに勤勉でした。そのフロイトが何を考えていたのか、それが気になって仕方がないという人が精神分析の世界には集まっています。その集まり方の熱気が宗教を思わせるのかもしれませんが、集まりの本質は宗教のそれとは異なっています。フロイトのことは常にどの精神分析家の頭の中にもあって、何かにつけてフロイトに言及したりするのですが、だからと言ってフロイトを崇め奉っているとか、妄信しているというわけではありません。そのあたりは、宗教とはだいぶ違っていて、むしろ科学の世界に似ていると思います。

精神分析とアート

精神分析は科学とも少し違うし、宗教でもない、と言いましたが、それでは何に似ているのか考えてみると、アートと似ているところがあるように思います。

もちろん違うところはたくさんあります。何よりも、精神分析は、患者という対象者のいる、ある種の対人援助であることが大きな特徴です。臨床的な責任というものがあります。患者の人生に資するという責任が常に念頭に置かれていなければなりません。一方、アートは、それ自体としての価値について考えることができるという特徴があります。アートにも、それを見たり聞いたりする鑑賞者や観客がいますが、それを必要とする度合いや切実さの点で、精神分析を受ける患者とは異なるでしょう。

それでも、アートと比べてみると分かりやすくなると思うので、比べてみることにします。アートにはいろいろありますが、その中でも特に、音楽と似ているところが多いのではないか、と個人的には思っています。これは、私自身が音楽を聴くのも演奏するのも好きだという、個人的好みがだいぶ関係しているかもしれません。

どう似ているかですが、いくつかあると思います。まず、理論や理屈を超えた体験が重要だ、という点です。音楽は、音楽を体験することそのものにその良さがあります。理解することよりも、音楽を聴くなり奏でるなりして、体験すること、それ自体が重要であり、突き詰めて言えば、すべてです。精神分析も同じで、精神分析の体験が重要です。ただ、精神分析の場合、そこに同時に、理解するという作業が入ってこないといけないところではあります。

さらに、学び方に関しても音楽と精神分析には共通点があります。音楽を学ぼうとすると、個人レッスンは欠かせません。精神分析も同じで、一対一の訓練分析やスーパーヴィジョンを通して学んでいくものです。

このように、アートとの類似を探ることで、精神分析の本質が分かりやすくなるように思います。

精神分析の枠組み

それでは精神分析とは実際に何をするものなのか、ということについて話していきましょう。外形的には次のようなことをします。**週四～五回、一回四十五分から五〇分の面接**を、通常**カウチ**（寝椅子）を用いて行います。週三回で可とする考えもあります。

皆さんの中には、これを聞いて、「本当にそこまでやるのか？」と思う人がいるかもしれません。それは率直な反応だと思います。本当に週四～五回やるのです。週一回では精神分析を実践することはできません。週一回や週二回の治療を精神分析と呼ぶ人もいるのは私も知っています。しかし、私は週一回から週四回までの頻度のものをすべて経験しているのですが、週一～二回で精神分析を実践することは、絶対に不可能とまでは言いませんが、限りなく難しいと思います。週三回であればかなりの程度できます。週四回ですともっとやりやすくなります。それだけ頻繁に会っていないと、簡単に言うと、話が煮詰まらないのです。

実は、これでもだいぶ短くなった方です。フロイトは、当初週六回で精神分析を実践していました。それで、あとで週五回に減らしたのです。第一次世界大戦があったため、戦争神経症と呼ばれる、戦争の恐怖体験のために精神の変調をきたした患者がたくさん来るようになって、時間が足りなくなってしまった、というのが一つの理由でした。週五回に減らすと、週六回のときよりももう少し多くの患者を診ることができたからです。そこからまたさらに減って週四回に減りました。さらに、週三回でも十分だ、という考えもでてきて、そこまで減りました。この辺りは、国によってだいぶ違うようです。フランスでは昔から週三回でやっていたそうです。南米にも週三回でやっている分析家がいます。

アメリカでも、ＩＰＡのインスティテュートでは長らく週四回が基本だったのですが、最近では週三回でも認められるようになりました。イギリスは長らく週五回でなければ認められていませんでしたが、週四回でも認められるようになりました。

少ない頻度の方にシフトしていることは確かなのですが、それでも週三回というのはギリギリの下限です。なぜこれだけの頻度が必要かというと、精神分析は生きることそのものに関係しているからです。頭を使うことは大切ですが、それだけではない、ということが関係していると思います。頭を使って話をするだけだったら、週一～二回でもいいかもしれません。でもそうではなくて、その人の人生そのものに関わっていこうとすると、週四～五回は当然要るものです。毎日分析のことを考えるようにならないとうまくいかないのです。今日こんなことがあった、今日こんなことが浮かんだ、などと、精神分析が日々の一部になっているような感じが必要なのです。週三回が最低ラインだと先ほど言いましたが、週三回でも難しいと考える分析家もいます。私も、週四回ならばやれる人でも、週三回だとやれなくなる人がいるように感じています。ただ、週一～二回だと、ほとんどの場合、精神分析にはならない、というのが私の感覚であり、また、大多数の精神分析家の感覚でしょう。

週三回だと、週の半分以下になります。そうすると、精神分析の世界から逃げようとする力がかなり働いてしまいます。具体的に言うと、**行動化** *acting out* が起こりやすくなります。面接の中で分析家への激しい怒りが体験されたとしても、その後派手に遊んで、怒りをすっかり忘れてしまった、などということが起こってしまいます。すると、精神分析はうまく行きません。週四～五回で行っていると、そういう行動化の入り込む余地が少なくなりますし、そのような行動化について面接の中で話さないことも難しくなります。週一～二回だと、行動化が入り込む余地が多すぎるのです。面接室の中にその人の人生のいろいろな問題が集約されていくようにするためには、これだけの頻度が必要なのです。

余談ですが、はじめの方で言ったように私は精神分析の訓練はアメリカで受けたのですが、私がアメリカに行ったのは、まず、非常に良い精神科の訓練が受けられると思ったからです。精神科レジデンシーと呼ばれているのですが、四年間びっしりとカリキュラムが決まっています。そういうプログラムで精神医学の研修を受けて、そしてその後に精神分析の訓練も受けようと思っていました。それでアメリカに到着して間もなく、アメリカ人の精神分析家のオフィスに話を聞き行きました。

とてもきれいな、立派なオフィスでした。「こういうところで精神分析を実践しているんだ」と感銘を受けました。オフィスには立派なカウチが置いてありました。私はその分析家に、「精神分析はいつまで続くものですか?」と聞いたのですが、その分析家が、「精神分析は精神分析が終わるときに終わるんです」と答えたのが印象的でした。そのときにはじめて、週四〜五回でカウチを使って行う本当の精神分析というものを生々しく感じたことを思い出します。

その分析家の言う通り、精神分析は精神分析が終わるときに終わるとしか言いようのないものですが、それでも大まかな傾向はあって、多くの場合、精神分析は五〜一〇年程度続きます。精神分析が二年とか三年とかで終結に至るということはほとんどありません。精神分析は数年で終わるようなものではなくて、極めて長い時間をかけて徹底的に行うものなのです。

精神分析と精神分析的心理療法

週一回や週二回だと精神分析を実践するのはほぼ無理だという話をしましたが、それでは、週一〜二回の治療がないかというとそうではなくて、そのような治療は**精神分析的心理療法** *psychoanalytic psychotherapy* と呼ばれています。

精神分析的セラピー、あるいは精神分析的精神療法とも呼ばれています。この治療法は、こころを分析し尽くすことを目標にはせずに、患者のこころの中の問題をいくつか同定して、それに取り組む、というものです。ですから目標次第で長さも変わってきます。二～三年で終わるということはよくあることですし、扱う問題を限局すれば、それよりも少ない期間でもある程度効果が得られるものです。

実は、世の中で行われている精神分析的な治療のほとんどは精神分析的心理療法の方です。週一～二回ならできそうだ、と皆さんも思うのではないでしょうか。精神分析は週四～五回ですから、精神分析的心理療法よりも格段にハードルが高いものです。

精神分析と精神分析的心理療法の関係について、エドガー・レヴェンソンEdgar Levensonというアメリカの分析家が、面白いことを言っています。「精神分析は心理療法が失敗したところから始まる」（Levenson, 2012）と言うのです。精神分析的心理療法の中で、患者さんの問題を同定し、それについてよく話を聞いて、理解して、その理解を共有すると、患者さんはよくなるはずです。しかし、実際にはそれでよくなるはずの問題がどういうわけかよくならないということがときどき起こります。実はそういうときにこそ、精神分析が必要になる、というのです。精神分析が、知的な理解を得ること自体を直接の目標としていないことが、ここでも分かると思います。繰り返しになりますが、精神分析は、賢い理解を得るためのものではありません。精神分析的心理療法までであれば、それでもよいかもしれません。しかし、精神分析はその向こう側のこと、もっとどろどろしたものの領域を扱うものです。

精神分析は、根本的に人生で困っていると感じている人が最終的に乗り出すものです。人生の問題が、週一～二回の心理療法で解決したら、それはそれで良いことだと思います。実際それで良くなっている方はたくさんいますし、精神分析的心理療法で人生が大きく変わったという方はたくさんいます。ただ、一部の方は、週一～二回通ってもどうしても変わらない場合があります。そのように困っている人は結構います。

精神科に診察を受けに行って、薬を処方してもらっても、解決しない問題というのはたくさんあります。薬を飲んで人生の問題が解決するとしたら、それはそれでよいのかもしれませんが、どうでしょうか。薬を飲んだら、親との長年の確執が解決する、ということはめったに起こりませんが、仮にそういうことが起こるとしても、はたしてそれでよいのでしょうか。解決したらしたで、複雑かもしれません。

本を読んだりすることで、人生の知恵のようなものはかなりの程度得られるものです。しかし、そういう知的な理解ではうまく行かない場合があります。人の助言は一切聞かない人、あるいは聞けない人がいます。また、助言されるとさらに調子が悪くなる人もいます。そういう人の場合、人から助言されることをめぐる葛藤を扱うことが重要です。人から助言されることをめぐる葛藤を、面接室の中で、今ここにおいて繰り返し体験し、それを言葉を通して理解していく作業を地道にするしかないのです。

患者さんの考えをより良い考えで置き換えよう、というアプローチには、限界があります。いろいろな患者さんを診ていると、「こんなに良い考え方を提示していて、それを身に着ければ良くなるはずなのに、なぜ身に着けようとしないんだろう」と思いたくなるときがあるものです。そういう場合には、助言系のアプローチでは限界があるのです。「こうすればいいのに、どうしてもできないんだよなあ」という体験をしている方は、皆さんの中にもきっといるかと思います。人間にはそういう、不合理な、理屈通りにはならない部分があるものです。それを徹底的に扱っていこう、というのが精神分析です。

精神分析は、他のいろいろな心理療法がうまく行かなかった方が最終的にトライするものだと思います。精神分析を開始したら直ちに良くなるか、というと、そういうものではありません。生きることの問題を扱うのですから、短期間で良くなるわけもありません。しかし、現存する心理療法の中で、もっともインテンシヴで時間も長くかかる精神分析によってしかよくならない、という人は世の中には一定数はいるものです。精神分析を、金持ちが道楽のためにすることだとか、何か社会的なステータスのためにすることだとか、そういうふうに考える方もいるようです。それはカリカチュアだと思います。趣味とかステータスのために、人は週四時間とか五時間とかはかけられないものです。あまりにも大変ですぐに止めてしまうと思います。真剣にこころの問題に向き合おうと強く思っていなければ、なかなかできないと思います。

無意識の探究法

それでは日々の精神分析セッションでは何をするかというと、**自由連想法** *free association* というものを指示して、思いつくことをそのまま話してもらう、ということをします。思いつくことをそのまま話すというのは、実は患者さんにとってかなり難しいことです。意味があるように思えること、重要なことを話さなければならない、と思って、構えて話そうとしてしまいます。けれども、精神分析で重要なのは、むしろ、一見ナンセンスに思えるようなことでも、思いついたことをそのまま話してもらうことです。その方が無意識に近づきやすいと考えられています。

他に、無意識に近づきやすい方法は、夢分析です。フロイトは、夢は無意識への**王道** *the royal road* である、と言いました（Freud, 1900, p. 608）。夢を報告してもらってそれについて話し合っていくことはしばしばあります。ただ、夢分析だけに集中する、というようなものではありません。夢を見たら報告してもらうように最初に言っておくことがあります。夢を持ってきてもらうのは基本的に精神分析のプロセスの役に立つのですが、人によっては、夢を毎回毎回消化しきれないくらい何個も持ってきたりします。そうすることで、もっと話しにくい内容を話さないで済むようにしている場合もあるので気を付けなければなりません。

国際精神分析協会

次は、精神分析の世界の組織面の話をします。精神分析の国際的な組織に、**国際精神分析協会** *International Psychoanalytical Association (IPA)* というものがあります。国際精神分析学会と訳されたりもします。このＩＰＡという組織ですが、フロイトは、非常に野心的な人で、自分が始めた精神分析が、ローカルなものに留まってしまわずに、国際的に広がって行くように強く望んでいました。フロイトはユダヤ人ですから、そういう気持ちは特に強かったようです。「精神分析か、ああ、あのユダヤ人がやるやつね」というふうに思われるのを嫌ったようです。また、全く非科学的な、どこか怪しいものと見なされてしまうことを懸念していたようです。そのようなわけで、フロイトは精神分析の国際組織を作って、その組織によって、精神分析とはこういうものだ、と取り決め、そして精神分析の訓練はこういうところでしっかりとする、とし、それ以外で精神分析を名乗っていてもそれは正統の精神分析とは関係ないとしよう、と考えました。いわば、本物の精神分析とそうではない精神分析を区別して、正統の精神分析というものを確立しようとしたのです。この、本物の精神分析とそうではない精神分析という区別が本当に妥当なものなのかどうか、ということは、その後にいろいろ論争があったのですが、ここではひとまず、しっかりと訓練を受けた精神分析家の基準を、ＩＰＡを作ることによって確立したいという強い希望がフロイトにあった、ということを抑えておきましょう。

ＩＰＡは一九一〇年に創立されたのですが、興味深いことに、ＩＰＡの初代会長は、フロイトと決裂して分析心理学をうち立てた、あのユングでした。フロイトはユングに当初非常に期待していました。それは一つには、ユングの才能をフロイトが非常に高く評価していたということがあります。ただそれだけではなくて、もう一つ重要なことは、ユングがユダヤ人ではなくてドイツ系だったことです。フロイトと違って、ユングはドイツの伝統的な精神医学の本流の近いところに居続けることができた人でした。フロイトはユダヤ人ですから、差別されて、アカデミズムの本流には残れずに、開業することを選んだのですが、ユングをIPAの会長にすることで、精神分析を非ユダヤ人社会にとって受け入れやすいものにしようという意図があったようです。でも、結局ユング派は離反してしまったので、フロイトの目論見通りにはなりませんでした。

IPAのホームページが最近充実してきています（IPAウェブサイト https://www.ipa.world/）。その中に、国別の名簿 roster が載っています。正確にはIPAの会員ではないものの、IPA関連の組織に属している精神分析的な治療者の方も一部混ざっているようですが、ほぼ、IPA認定の精神分析家の数、と言ってもいいでしょう。IPAの全世界の会員数は、約一万三千名です。全世界でIPA認定の精神分析家が一万三千名程度というのは、多いのでしょうか、少ないのでしょうか。決して多くはない気がします。国別の内訳ですが、主な国を見てみると、アメリカ約二五〇〇名、ブラジル約一五〇〇名、アルゼンチン一〇〇〇名、フランス約六五〇名、イギリス約五〇〇名、カナダ約三〇〇名、チリ約一五〇名、ウルグアイ約一五〇名、インド約五〇名、日本約四〇名、中国約三〇名、韓国約三〇名となっています（二〇二二年四月現在）。

アメリカが圧倒的に多いです。実に、全世界の約五分の一です。あとは、ブラジル、アルゼンチン、チリといった南アメリカ諸国で精神分析が盛んです。南アメリカの分析家がこれだけ多いというのは意外かもしれません。アメリカも南アメリカも、第二次世界大戦中などにたくさんの分析家がヨーロッパから逃げて行った先でした。それで今でもたくさんの分析家がいるのですが、本家のヨーロッパにまさる勢いです。アジアはやはりかなり数が少ないです。ＩＰＡはここに実は最近着目しています。欧米では分析家の数は減少傾向にあるので、アジアで増えて行って欲しいとＩＰＡは考えているようです。

このＩＰＡによって認められている日本で唯一の精神分析団体が、日本精神分析協会Japan Psychoanalytic Society（JPS）です。ＪＰＳは東京と福岡に支部があります。そこにそれぞれ、精神分析インスティテュート東京支部と福岡支部があり、精神分析家の養成を行っています。東京に支部があるのは分かるけれども、もう一つが福岡にある、というのが意外に感じるかもしれません。これは、東京以外に精神分析家が比較的多い都市は福岡だったという事情からです。

日本精神分析協会の併設組織として、日本精神分析協会精神分析的精神療法家センターという組織があります。こちらは精神分析的心理療法（精神分析的精神療法）に関心をもつ臨床家の組織で、ＪＰＳと密に連携を保ちながら運営されています。

精神分析の訓練

次に、精神分析の訓練とは一体どういうものなのか、すなわちどうやって精神分析家になるのか、について話しましょう。

精神分析の訓練を受けるためには精神分析インスティテュートに入らなければならないのですが、ＪＰＳの場合で言えば、医学部卒業者、あるいは大学院修士課程修了者で、その後五年以上の臨床経験を積んでいることが必要とされています。世界の他のインスティテュートでも大体同じような感じです。ここで大学院というのは、心理の方の行く大学院を主に念頭に置いていて、基本的に臨床心理学の大学院のことです。海外では、ソーシャルワークの大学院でもよいとしているところもあります。あとは、ＪＰＳが認定する基礎セミナーというのがあるのですが、それを修了していることが求められます。また、しっかりとした学会発表を行ったことがあることが必要です。その上で、ＪＰＳの指定する二名の精神分析家による面接を受けて、よしとされれば、精神分析家候補生志願者と呼ばれる立場になります。それから、ＪＰＳによって認められた訓練分析家による週四回以上の審査分析を一年間受けることが求められます。そしてその中で訓練に入るに相応しい適性を持つと判断されると、ようやく**精神分析家候補生** *psychoanalytic candidate* となることができます。卒業するまでの年限はさまざまですが、だいたい五年から一〇年、あるいはそれ以上の時間が必要です。非常に長い道のりです。

一般に、精神分析インスティテュートで精神分析家になるための訓練を受けている人のことを、**候補生**（**キャンディデート** *candidate*）と呼びます。キャンディデートというのは、たとえば大統領候補者 presidential candidate というような言葉として使われているのを見ることが多いと思いますが、精神分析の訓練中の人も、キャンディデートと呼びます。仰々しい感じもするのですが、そういう呼び方です。

欧米では、特に昔は、精神分析家というのはなかなかステータスが高いものでした。とりわけアメリカでは、精神科医として一流になろうとすると、精神分析家になることが必須だった時代がありました。若い精神科医はこぞって精神分析家になろうとしました。ですから、精神分析候補生に選ばれるだけでも相当名誉なことでした。今はだいぶ変わったようですが、この呼び名は、その時代の名残かもしれません。

さて、日本には他に、日本精神分析学会という学会があります。日本精神分析協会と名前が非常に似ているので、もう少し話したいと思います。日本精神分析学会は英語ではJapan Psychoanalytic Associationで、略してＪＰＡです。ＪＰＡは、週四回や五回の精神分析に加えて、それ以外の精神分析的な治療、さらには精神分析に関する文化論なども含んで、精神分析に関することを論じていこう、という間口の広い学会です。そういうわけでＪＰＡの方がＪＰＳよりは会員数はずっと多いです。

ＪＰＳとＪＰＡは今では別の組織ですが、歴史を遡っていくと実は両者のルーツは同じです。それが、週四〜五回の精神分析の実践に特化したＪＰＳという組織と、精神分析に限らず精神分析的な実践に関心を持つ多くの会員によって構成されるＪＰＡという組織に分かれて、今日に至ります。私を含め、ＪＰＳの会員のほとんどがＪＰＡ会員でもあります。精神分析家と精神分析的な臨床家の交流が非常に盛んであることは日本の精神分析の特色と言えるでしょう。

ＩＰＡの外の精神分析

ＩＰＡを作ることによって、フロイトは「精神分析はこれだ、これ以外は精神分析ではない」という基準を設けようとしました。しかし、精神分析はフロイトの時代から大きく発展を遂げ、精神分析を取り巻く状況もフロイトの時代とは大きく変わってきています。

今日では、ＩＰＡの外にも精神分析組織が複数あります。国際的な精神分析学会として、国際精神分析フォーラムInternational Forum of Psychoanalysis（IPF）、国際関係精神分析・精神療法学会International Association for Relational Psychoanalysis and Psychotherapy（IARPP）、国際自己心理学会International Association for Psychoanalytic Self Psychology（IAPSP）などが知られています。

また、精神分析的な臨床および訓練のための施設として、英国のタヴィストック・クリニック Tavistock Clinic、アメリカのメニンガー・クリニック Menninger Clinic、オースティン・リッグズ・センター Austen Riggs Center、などが有名です。これらの施設には精神分析家および精神分析的心理療法家が多数在籍し、密度の高い訓練プログラムを提供しています。フランスでは、ＩＰＡ系の精神分析家の影響力とならんで、ラカン派の精神分析家の影響も大きく、ラカン派の精神分析の訓練を受けている臨床家が多数存在します。

これだけ精神分析が多様化した今日、フロイトが思い描いていたように、ＩＰＡの精神分析だけを精神分析とする必要性はもはやないと思います。ＩＰＡに認定されていないからといって、精神分析をすることができないとか、精神分析家の訓練を提供することができないということはないでしょう。ＩＰＡ以外の精神分析組織で訓練を受けた臨床家もたくさんいるのです。

精神分析家には、ＩＰＡに所属している精神分析家（ＩＰＡ精神分析家）と、ＩＰＡには属していない精神分析家（ｎｏｎ‐ＩＰＡ精神分析家）がいます。二つのグループがあればもちろん両者の間には何らかの葛藤や確執は生じるもので、ＩＰＡ精神分析家はどうしてもＩＰＡの精神分析を高く評価する傾向がありますし、一方でｎｏｎ‐ＩＰＡ精神分析家の側からは、ＩＰＡの会員であるとかないとか、そういうことに精神分析の本質があるわけがない、という意見があります。

私は、ｎｏｎ‐ＩＰＡ精神分析家の中にも優れた精神分析家はたくさんいると思っています。ＩＰＡ精神分析家であるかそうではないかということよりも、精神分析家になるまでの訓練の質と量、そしてなによりも精神分析家になったあとの実践と研鑽が重要だと思っています。

第2講　フロイトの前精神分析時代

フロイトを学ぶということ

前回は、精神分析というものがどういうものなのかについてざっと話しました。今回は、フロイトと精神分析の始まり、という題で、精神分析の創始者であるフロイトの生い立ちについて、そしてフロイトの初期の頃の理論について話したいと思います。

フロイトについて教えるのは他の分析家について教えるのに比べて一〇倍くらい大変な気がします。圧倒的に大変です。もちろんどの精神分析家の理論でもなかなか難しいのですが、それでもフロイトと比べるとずっと楽です。

その理由ですが、フロイトの手強さというのは群を抜いています。フロイトと比べると、他の分析家の書くものはそこまで難しくないですし、量もそんなに多くありません。フロイトという人は、非常に細かいことを考えていて、かつものすごい量を書いています。難しく、かつ量も多く、そのためフロイトの議論について行くことができなくなってしまうということがしばしば起きます。

でも、フロイトは、長々と書いているけども全体としては実はたいしたことは言っていない、と失望させるようなタイプの書き手ではないと思います。たいしたことないことを無理やり膨らませるというようなことをフロイトはしていません。フロイトの難しさや長さは、空疎な難しさや長さではありません。どこをとっても、密度の高い議論を残していると感じさせるものを書いています。

フロイトの書いたものを読んでいくと、こちらの能力が追い付かないためにフロイトの議論についていくのが難しくなる、そういう体験を繰り返しさせられます。だから大変なのですが、一方で、その優れた思索について行くことは、大変エキサイティングな体験だと私は思います。皆さん、まだでしたら、是非フロイトを読んでみてください。きっと貴重な体験になると思います。

そう言ったあとでこういうことを言うのはどうかとも思うのですが、実は、フロイトは確かにすごいのですが、いくらフロイトの精神分析を学んでも、それだけでは精神分析を現代の水準でしっかりと行うことは難しいところです。フロイト以降に分かったことがあまりに多いので、フロイトを読むだけでは不十分だからです。

フロイトは精神分析の実践を長い間続けていたのですが、今の感覚で言うと首をかしげたくなるようなことを結構たくさん行っていました。たとえば、フロイトの場合、かなり短い期間で精神分析が終わったりします。今の基準で考えると、だいぶ短いものでした。また、何カ月かだけまとめてフロイトから治療を受けていたりする場合があるのですが、今はそういうことはありません。フロイトも、その何カ月かで十分に分析できたとは思っていなかったと思いますが、それにしても、今では何カ月かだけ分析する、という発想自体が奇異に感じられます。現代では、精神分析とはもっと長々と行うものに、五年とか一〇年かけて行うものになっています。

さて、当たり前のことですが、フロイトもわれわれと同じく一人の人間であって、両親、兄弟姉妹、妻、子どもたちに囲まれながら人生を送りました。人間のこころに関する思索というものは、その対象がこころという極めて個人的なものですから、思索する人のこころのあり方に強く影響されるものです。フロイトの精神分析理論も、フロイトの生い立ちとその後の実生活に少なからず影響されています。ですから、フロイトの生い立ちについて概観すると、そこにフロイトの精神分析の特徴が浮かび上がって来ることでしょう。

フロイトは今でも圧倒的な影響を持つ精神分析家です。精神分析の世界では、フロイトは特別な存在です。フロイトはほとんど一人で精神分析というものを立ち上げ、練り上げ、そして、その後分析家たちが束になって取り組むことになる精神分析の問題のほとんどについて、すでに何らかの形で言及していました。前回も言いましたが、フロイトは、極めて高い知性と独創性を持った人物で、なおかつ極めて粘り強い人間だったのです。

フロイトだけを読んで実際に精神分析をすることができるか、というと、先ほども言ったように、実はそんなことはありません。不可能ではないとしても、とてもお勧めできないことです。フロイトの考えだけでは不十分なのですが、まずはフロイトの生い立ちについて話しましょう。同時に、フロイトの理論の変遷についても触れたいと思います。

科学とフロイト

フロイトの精神分析を学ぶ上で大切なのは、フロイトがいかに科学的な発想に忠実であろうとしていたか、悪く言えば囚われていたか、ということを押さえておくことだと思います。そのことを少しずつ明らかにしながらこれから話していきたいと思っています。

前回、精神分析は科学ではない、とする議論について少し話しました。私は最初大学の物理数学系のコースに入学したので特にそう思うのかもしれませんが、精神分析が厳密な意味で科学だ、ということはないと思いますし、そんなことを言ったら理系の先生に怒られそうな気がしてしまいます。ただ、精神分析は、物理学や数学が科学だという意味で科学であるとことはないと思うのですが、一方で、科学の発想にかなり影響を受けている、ということは間違いありません。フロイトの著作の中に、エネルギーや興奮というものを考えて、その量や質について思索をめぐらす、という所がしばしば出てくるのですが、そういうフロイトの発想は、物理学や生物学などの科学の考え方に影響を受けてのものです。こころという摑みどころのないものをフロイトは科学的に探究したいと考えて、物理学や生物学の考え方を援用して精神分析というものを考えようとしました。もっとも、精神分析を科学として完成するという目標には遠く届きませんでした。

フロイトがなぜ科学の考え方を重視したのかというと、それはフロイトのキャリア・パスと大きな関連があります。ここのところが重要です。フロイトは、医学部に入ってすぐのころは生物学の研究者になることを志していました。ですから、人間を生物学的な存在として、その身体性という観点から考えるという訓練を徹底的に積んでいます。ところが、こころについて考えるときに、フロイトのようにこころの身体性というものを考慮することに慣れていないと、フロイトの精神分析は純粋な心理学だ、とつい思ってしまったりします。純粋な心理学、という表現で私が言おうとしたのは、こころを身体から切り離して、すなわち身体のこころへの影響やこころの身体への影響をひとまず遮断してみて、こころを純粋に心理的なものとして探究する、というものです。けれども、人間は身体があるからこそ厄介な存在なのです。こころだけだったらまた別なのですが、こころに身体が繫がっているというところに人間の面白さというものがあり、また同時にそこが厄介なところでもあるのです。フロイトは人間の身体的基盤を終始重視した人でした。このことを良く覚えておくことが精神分析を理解する上でとても大切です。

フロイトの家族

フロイトは一八五六年五月六日にオーストリア＝ハンガリー帝国のフライブルクというところに生まれました。フロイトはユダヤ人でした。フロイトがユダヤ人だったという事実はとても大切です。このことで、生涯フロイトは非常に苦労させられることになるからです。

当時はユダヤ人に対する偏見というのが今よりもずっと強かった時代ですから、ドイツやオーストリアでは、ユダヤ人が出世するのはなかなか困難でした。フロイトは出世したいと強く望みながら、それが難しい環境に置かれていたのです。のちに、フロイトは、苦心して精神分析をほとんど独力で立ち上げたのですが、その精神分析も、下手をするとユダヤの学問として低く扱われる可能性がありました。それをフロイトは恐れていて、精神分析がドイツの学問として後世に残るように強く望み、その方法を終始考えなければなりませんでした。このように、フロイトがユダヤ人であるということはフロイトの人生にずっとついて回りました。

フロイトが生まれたフライブルクは、現在のチェコ共和国東部のモラヴィア地方の小さな町でした。フロイトの父親ヤーコプ・フロイトは、一八一五年生まれで、毛織物商人でした。

フロイトの人生は、実は生まれたときから相当ややこしい状況に置かれていたようです。ヤーコプの最初の結婚相手は、サリー・カナーという女性でした。ヤーコプはこのサリーとの間に二人の子ども、エマヌエルとフィリップという子どもをもうけました。ところが、このサリーが若くして死んでしまいました。そこで、ヤーコプは、アマーリア・ナターンゾーンという人と、一八五五年、ヤーコプが四〇歳の時に二度目の結婚をしました。その時、ヤーコプはすでに四〇歳でした。アマーリアは一九歳で、あと一カ月で二〇歳になるというところだったようです。二〇歳も違う、今でいう「年の差カップル」だったのです。このことは、フロイトにも少なからぬ影響を与えました。

最初のサリーの二人の子どものエマヌエルとフィリップですが、ヤーコプとアマーリアの間には年の差がだいぶあるということもあって、エマヌエルとフィリップは、フロイトよりもだいぶ歳が上でした。腹違いのこの二人の兄のうち、エマヌエルに至っては、フロイトの近所に住んでいて、すでにヨハンという子どももいました。ヨハンはフロイトの甥になるわけですが、ヨハンがフロイトより一歳年上で、フロイトはこのヨハンとよく遊んでいました。ヨハンから見れば、フロイトは年下の叔父ということになります。妙な関係です。

このような状況でしたから、フロイトは、自分自身の父親が誰かということに関してどうもよく分かっていないところもあったようです。ヨハンが自分の兄弟でないか、とか、あるいはエマヌエルが自分の父親ではないか、とか、自分の父親とされている人は実は祖父なのではないかとか、そういうある種の混乱の中で育ったようです。

ヤーコプは優しい性格の持ち主だったそうで、家族の中でも愛され、尊敬されていたそうです。ただ、フロイトはヤーコプに複雑な感情を持っていたようです。ヤーコプには、弱々しく見える一面があったのです。ヤーコプは、ユダヤ人であることで大切な帽子を道路に投げ捨てられるというひどい扱いを受けたことがあったのですが、「それでお父さんはどうしたの?」と聞いたフロイトに、「黙って拾ったよ」と答えたそうです。それにフロイトはひどく失望したそうです。

ヤーコプは決して商売上手というわけではなかったようです。実際フライブルクでの毛織物の商売はフロイトが生まれて間もなくうまく行かなくなり、フロイトが三歳の時には家族でウィーンに引っ越すことになりました。フロイトはのちに電車（汽車）恐怖症に悩まされたのですが、それは、この時の引っ越しの嫌な思い出のためだったと言われています。強い男性像をフロイトはヤーコプの中に安心して見ることができなかった、と言われています。

一方、フロイトと母親のアマーリアの仲はもっと安定して近いものだったようです。フロイトはアマーリアに溺愛されて育ったと言われています。あるときアマーリアは、「この子は大物になるよ」と人に言われて、すごく喜んだそうです。そしてその後、それを信じてフロイトを大切に育てた、という話があります。フロイトは、アマーリアが後妻として入った家に生まれた最初の息子ですから、このアマーリアの気持ちは理解できる気がします。フロイトはあまり自分の母親の事は語っていないのですが、それはアマーリアに溺愛されて育ったことが関連しているらしいと言われています。

フロイトは父親と自分の関係のことについてはいろいろ考えて、いろいろ言っていますが、母親と自分の関係のことになるとあまり語っていません。実は、フロイトの理論の弱点の一つは、父親偏重で、母親と子どもの関係にあまり言及していないことだと言われていますが、それはフロイトの特殊な生い立ち事情の一つの帰結として考えることができます。母親と自分の関係があまりに密だったために、フロイトは母親と子どもの関係について客観的に省察する方向に向かうことができなかったのかもしれません。フロイト自身は、自分は客観的に理論を作っていると思っていたようですが、そんなに客観的に理論を作っていたわけではないだろう、と後の分析家の間では言われています。精神分析の理論というものは、観察から得られるデータをもとに作るものですが、ここで問題となっているデータは、心的事象に関するデータですから、分析家という個人のあり方に強く依存するものです。怒りや情愛という観察データは、物の重さや大きさという観察データとは異なります。ですから、精神分析理論というものは、精神分析家の置かれている文脈やパーソナリティと分けて考えることはできない、という議論があります。

大学入学以降

フロイトが大学に入った頃のことを話したいと思います。フロイトは一七歳でウィーン大学に入学しました。そこで、二〇歳年上のカール・クラウス Carl Claus という人のもとで、動物学の研究を始めました。その後、師匠を四〇歳年上のエルンスト・ヴィルヘルム・フォン・ブリュッケ Ernst Wilhelm von Brücke に変え、ブリュッケの主宰する生理学研究所 das Physiologischen Institut（独）というところで生理学の研究に従事しました。このブリュッケがフロイトに多大なる影響を与えた人物だったようです。ブリュッケは生理学の専門家でしたが、ブリュッケの研究室がフロイトにとって最初の居場所のようなところだったようです。クラウスが二〇歳年上、ブリュッケが四〇歳年上と言いましたが、フロイトの腹違いの兄達は大体二〇歳年上で、父親は大体四〇歳年上です。この辺りも偶然ではないと言われています。フロイトは年上の男性を慕う傾向があったと言われていますが、このようなところにもその傾向が表れていたようです。

生理学とはどのような学問かと言いますと、人間の体の正常な働きを理解しようとする学問です。生理学の反対は病理学で、これは体の正常な働きが損なわれている状態を理解しようとする学問です。人間の体の構造はどういうふうになっているのか、形態はどうなっているのか、ということを探究する学問は解剖学になります。生理学は、構造や形態についてではなく、主に働きや機能についての学問です。もちろん機能を理解するためには構造や形態も理解しなければならないのですが、ある時点で人体がどのように見えるか、ということよりも、人体の動的なプロセスに関心があるのが生理学だ、と言っても良いかもしれません。

ブリュッケの生理学研究所で研究している間に、フロイトはヨーゼフ・ブロイアー Joseph Breuer という人物と出会いました。ブロイアーはウィーン大学医学部および生理学研究所でのフロイトの先輩でした。ここで、フロイトが実際にしていた研究は、ウナギの生殖器の研究やザリガニの神経の研究でした。ヤツメウナギという生物の神経のスケッチを残したりしています。まさしく生物学者そのものです。このように、フロイトは生物学の研究者としてキャリアをスタートしたのでした。

キャリアをめぐる悩み

医師になる勉強をするだけではなく研究も熱心に行っていたこともあって、フロイトは普通よりも長く大学にいました。しかし、そのうちいつまでも研究ばかりやっていては経済的に持たない、ということになってきました。それでその後、生理学や解剖学といった基礎医学の研究者として食べていくのは止めた方が良いのではないか、と思うようになったようです。

一八八二年四月に、フロイトはマルタ・ベルナイス Martha Bernays という女性に出会って、同年六月には婚約しています。これが大変な熱愛で、フロイトはマルタに熱い手紙を大量に送っていています。いかにもフロイトらしいことです。フロイトという人は、そういうふうに、何かにこだわりだすと異常なほどにエネルギーを注ぎこむ人でした。それから一八八六年に実際に結婚するまで、実に長い婚約期間がありました。それだけ長い間婚約のままだったので分からないでもないのですが、フロイトは大変なやきもち焼きだったそうです。マルタが他の男性の話をするとものすごく嫌がる、そういう人だったようです。そういう熱愛の末に二人はようやく一八八六年九月一三日にマルタの故郷のヴァンツベックというところで結婚しました。その後はだいたい円満な結婚生活だったようです。マルタと出会って以降、フロイトがキャリア選択のことを考えるときは、結婚のことを考えて、ますます経済的なことが気になっていたことでしょう。早く結婚してマルタと一緒に暮らしたいのだけれども、そのためにはお金が要ります。研究者として食べていくのは、開業して医師として患者を診察して食べていくのに比べて大変です。患者を診察していた方が経済的には楽です。フロイトはユダヤ人で、大学での出世は難しいということもあったので、なおさらです。愛を成就したいという気持ちとお金の問題との間で、フロイトはとても悩ましい日々を過ごしていたようです。

結局、フロイトは生物学の研究者としての道を諦め、一八八二年七月に、ウィーン総合病院という、大変由緒ある病院で働きだしました。最初は、外科を選んだのですが、わずか数カ月で辞めています。身体的にきつかったというのが理由だったようです。それで次に、内科に移ります。内科の主任教授はヘルマン・ノートナーゲル Hermann Nothnagel という人でしたが、フロイトは臨床見習い Aspirant（独）という立場で働き出しました。あちらのシステムについて私はよく分からないのですが、Aspirant というのは、志願して勉強する医者、のような意味だと思いますので、臨床見習いと訳してみました。その後、しかし、フロイトはどうも内科にも自分は向かないと悟ったようでした。半年ほどで内科を去り、一八八三年五月からは、精神医学教室を率いていたテオドール・マイネルト Theodor Meynert という人の精神科外来で臨床助手 Sekundarzt（独）という立場で働き始めました。Sekundarzt というのは Aspirant よりも上の立場のようで、臨床助手と訳してみました。マイネルトという人も高名な方で、記憶に関して重要な機能を担っているマイネルト基底核という脳の部分があるのですが、そのマイネルトです。

このようにフロイトは研究者から臨床医の方にキャリアの舵を切っていったのですが、フロイトは大変な努力家ですから、ウィーン総合病院で働いていた三年の間も、研究者としての道を諦め切れずに、何かの業績を残したいと思って努力を続けていました。そして一八八五年には、私講師 Privat-Dozent（独）というものに任命されました。これは重要な資格だそうです。日本の大学の講師のようにフルタイムで大学に所属して講義を受け持つというような立場ではなく、お金をもらえるわけでもないのですが、大学で講義してもよい、というもので、やがて大学でフルタイムの職を得たりするのにつながる資格だそうです。フロイトは、マイネルトの精神医学教室以外にも、いろいろな部門で医師として働きました。たとえば一時期は眼科や皮膚科で働いたりもしています。

そういうことをしながら、フロイトはこれからのキャリアのことを考え続けていたようです。この間いろいろな話があって、たとえば先ほど出てきたマイネルトが率いていた精神科病棟のポストがそのうち空くので、そのうちそこでスタッフになれそうだ、という話もあったそうです。しかしフロイトは、精神科病棟で精神科の病気を普通に診るような医師になりたいとは思えなかったようです。また、マイネルトが近々神経内科の部門を作るのではないかという噂もあって、そこで働くという可能性もあったようです。しかし、そちらにもあまり関心持たなかったそうです。

いずれにせよ、フロイトの臨床医としての境遇はあまり恵まれたものではなく、フロイトはウィーン総合病院を辞めることを考えるようになりました。

パリ留学とヒステリーとの出会い

ちょうどその頃に出てきた話というのが、留学の話でした。留学のために奨学金がもらえるかもしれない、という話があって、それにフロイトは応募しようと思いました。この留学奨学金ですが、これは非常に熾烈な競争だったようです。

しかし、フロイトは非常に熱心な学生だったので、大物の教授たちの支持を得ることができて、留学することができました。まずはブリュッケの支持を得て、さらにそれだけではなく、何人かの高名な教授の支持も得ることができました。たとえば、クリスティアン・アルベルト・テオドール・ビルロート Christian Albert Theodor Billroth という外科医がいます。この方は、ビルロートⅠ法、ビルロートⅡ法という、教科書に今でも出てくる胃がんの外科手術の術式の開発で知られている高名な方ですが、この方もフロイトを支持したと言われています。あと、モーリッツ・カポジ Moritz Kaposi という方がいますが、この方はカポジ肉腫で有名な方です。カポジ肉腫というのは、皆さんの中にも聞いたことがある方も少なくないかと思いますが、エイズなどの患者に見られる皮膚の悪性腫瘍です。フロイトの推薦者の中にはそういう人たちの名前まで出てきます。そういう大物たちの支持を得て、フロイトは留学の切符を手にしました。この時フロイトが留学の切符を手にしていなかったら、精神分析とその後の心理療法の流れは一体どうなったか分からないところです。

フロイトは一八八五年にウィーン総合病院を去り、同年の一〇月にパリのジャン＝マルタン・シャルコー Jean-Martin Charcot のもとに向かいました。このことが、フロイトがヒステリーという精神疾患に本格的に取り組むことになった直接的なきっかけでした。このシャルコーという人ですが、非常に有名な、カリスマ性を持った神経内科医でした。シャルコーの弟子たちとして、また凄い人たちが並んでいます。ジョセフ・バビンスキー Joseph Babinski という人は、バビンスキー反射という、医師なら誰でも知っている反射の発見でとても有名な神経内科医です。ジョルジュ・ジル・ドゥ・ラ・トゥレット Georges Gilles de la Tourette という人もシャルコーの周辺にいた人です。精神医学を勉強した方は、トゥレット症候群という症候群を思い出してください。さまざまなチック症状を呈する症候群で、とくに汚言症という、汚い言葉を衝動的に出してしまう症状で有名な症候群です。それを発見した人がトゥレットです。

こういう弟子たちの前にシャルコーはヒステリー症状を持つ患者を連れてきて、催眠をかけて、症状を消したり再現したり、自由にすることができたそうです。それを見てフロイトは、深い感銘を受けて、シャルコーにすっかり心酔してしまいました。フロイトが年上の男性に心酔する傾向があったことは既に話しましたが、シャルコーへの心酔もその一つでした。それでフロイトはシャルコーに何とか認めてもらおうと思いました。ちょうどその頃、シャルコーは少し前にある本を出版していたのですが、その本のドイツ語訳がなかなか進んでないことにシャルコーは焼きもきしていました。そのようなことをシャルコーが口にしていることを知ったフロイトは、私がやります、と、すぐに手を挙げて、それでシャルコーに近づくことができたそうです。それまではフロイトは、神経細胞の研究や生理学の研究など、そういうことをしていたのですが、この辺から、フロイトは神経よりも精神の方に興味を移していきました。

さて、シャルコーの有名な言葉に、「理論は良いけれども、理論によって存在がなくなるというわけではない」"La théorie, c'est bon, mais ça n'empêche pas d'exister."（仏）という言葉があります。これはとても大切なことを表している言葉です。理論よりも、自分の臨床的な体験を重視しなさい、ということです。フロイトのその後の理論構築も、このシャルコーの言葉に沿ったものでした。理論は確かにありました。しかし、フロイトの臨床的な体験に合わないような理論は、理論として不十分だとフロイトは考えて、理論をどんどん修正していきました。最初に考えた理論に固執して臨床的な体験をそれに合わせようとするのではなく、臨床的に失敗したらどんどん理論を修正していく姿勢が大切だ、という基本的な考え方をシャルコーからフロイトは学びました。

フロイトは一八八六年の二月にパリから戻ったのですが、その後すぐ、四月には開業しています。そして同年の九月にマルタ・ベルナイスと結婚しました。結婚を控えて開業したのですが、その結果フロイトはパリで出会ったようなヒステリー患者をたくさん診るようになりました。その仕事は、やがて一八九五年に『ヒステリー研究』として結実することになります。

初期のフロイトの仕事

初期の頃のフロイトの仕事について話しましょう。『ヒステリー研究』Studies on Hysteria（英）Studien über Hysterie（独）は、ウィーン大学医学部の先輩で、ブリュッケの生理学研究所で出会ったブロイアーと共同での仕事です。この『ヒステリー研究』は、精神分析の初の実践を記録した本として極めて重要なものですが、実は同じ一八九五年に、「科学的心理学草稿」という論文をフロイトは発表しています。ドイツ語の原題は"Entwur einer Psychologie"で、英語では"Project for a Scientific Psychology"と訳されています。この論文は、英語圏ではしばしば単に"Project"と呼ばれています。フロイトの"Project"と言えば、この「科学的心理学草稿」を指します。それだけ有名な論文です。

この「心理学草稿」ですが、実はフロイト自身はその内容に満足できなかったらしく、あまり公にはしたくなかったようです。一言で言うと、目標が遠大すぎたのです。心理現象を科学的な言葉できちんと説明するということは、フロイトの時代にはとうてい無理な目標だったようです。フロイトも書いている間にそれを痛感したようで、結局きちんと出版しなかった論文なのですが、実は、その後のフロイトの着想のほとんどは、この論文の中にすでに盛り込まれています。ですから、「心理学草稿」は論文としてはあまりうまくいかなかった試みではあったのですが、それでもなおこの「心理学草稿」をよく読んでおくと、フロイトののちの仕事が分かりやすくなるという論文です。

繰り返して言っているように、この当時、フロイトの頭の中は生物学のことでだいぶ占められていました。生物学者として出発したフロイトは、こころも科学的な方法で研究できるのではないか、と考えたのでした。

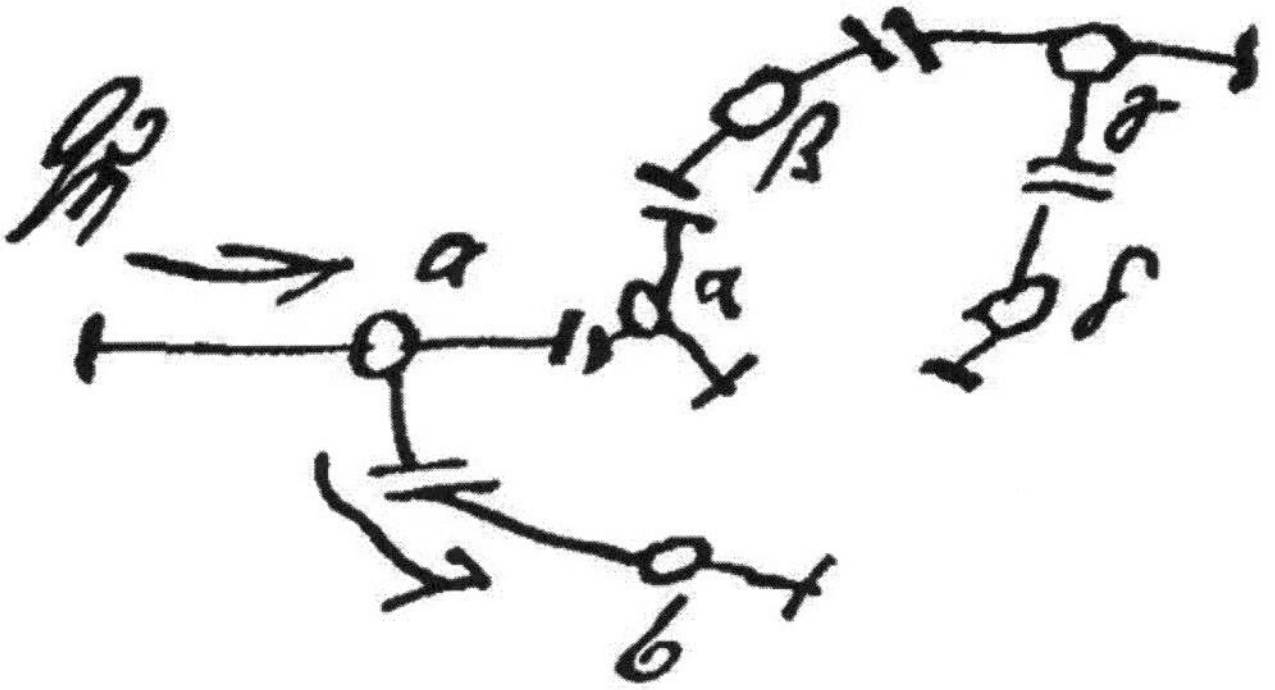

図 1　フロイトの「ニューロン」（Freud, 1895）

歴史的背景として、この頃の脳科学がどういうものだったかということを少し見てみましょう。サンティアゴ・ラモン・イ・カハール Santiago Ramón y Cajal という人がいます。この人が**ニューロン** *neuron* すなわち神経細胞を発見したのが一八九二年のことでした。脳というものが何か繊維のようなものが張り巡らされて成り立っている組織だということは当時既に分かっていました。しかし、それがどうなっているのかということかということはまだよく分かっていませんでした。

脳の繊維というものをどう考えるかですが、一つ、それは細胞が融合してできた巨大な細胞なのではないか、という考えがありました。そしてもう一つ、それは、他の器官と同じように、小さい細胞があってそれがつながっているものだ、という考えもありました。前者を網状説と言いました。後者は、つながっている小さい細胞の一つひとつをニューロンと呼ぼう、ということにしていたため、ニューロン説と呼ばれていました。もちろん、カハールはニューロン説を唱えていた人です。今日われわれが知っている通り、ニューロン説が正しいということが後に示されたのですが、当時はまだ決着がついていなかったのです。まだ決着がついていなかったにも関わらず、カハールはさらに、ニューロンとニューロンの間には隙間があるはずだ、ギャップがあるはずだ、と主張していました。この研究は本当に独創的だと思います。

今では脳がニューロンでできているということは誰でも知っていることですが、それがまだ確認されていない段階で、ニューロンとニューロンの間にギャップがあって、それで連結らしきものを保っている、と唱えるというのはすごいことだと思います。フロイトは「心理学草稿」の中でニューロンの図を書いているのですが、そこにもギャップが書いてあります（図1）。当時議論になっていたギャップのことにフロイトも関心を持っていたことが分かります。そののち、ニューロンとニューロンの間のギャップはシナプスと呼ばれるようになりました。シェリングトンという人が一八九七年に命名したものです。さらに、電子顕微鏡で確認されたのはそれから半世紀以上経った一九五〇年代のことでした。

こころの仕組みをめぐって

このように、フロイトが精神分析を構想していた頃というのは、脳というものは細胞から成り立っていて、細胞が多数あって、細胞と細胞の間にはギャップがある、ということが少しずつ分かりつつあった時代です。そのような時代を背景に、フロイトは、こころの世界のことを何らかの**装置** *apparatus* という概念を用いて考えることに熱中しました。そして、ここが大切なところですが、フロイトは、何らかの**量** *quantity* というものを考えるのが好きでした。この発想は、フロイトの精神分析にずっとついて回ることになります。

こころの中をめぐる電気のような量的な何かがあって、それがこころの中を広がっていく、そういうこころのモデルがフロイトの頭にありました。フロイトはその量のことを、*Qή*という記号で表しました。Qのあとの文字はギリシア文字で、「エータ」と読みます。フロイトは*Qή*を一応量そのものとして提示しているのですが、単に量であるばかりではなく、何らかのエネルギーだと考えてよいでしょう。

フロイトの「心理学草稿」における「装置」は、その後、**心的装置** *psychical apparatus* と呼ばれることになります。*Qή* に関して言えば、フロイトはこの概念を「心理学草稿」で扱って以降、特に再び取り上げることはありませんでしたが、これはのちに、同じくある量を持った**心的エネルギー** *psychic (psychical) energy* という概念につながりました。*Qή* と心的エネルギーはフロイトの中では違う概念なのですが、あまり気にせず、同じようなものだと考えてください。

心的エネルギーというものがどういうものなのか、分かりやすい例として、**情緒** *affect* というものについて考えてみましょう。情緒とは、フロイトの精神分析の発想では、ある量を持った心的エネルギーが**発散** *discharge* されることです。それがどこかでせき止められると、何か問題が起こったりします。泣きたいのに泣かないでいたり、腹が立っているのに腹が立っていないふりをしていると、確かに何か問題が起こりそうです。

強い情緒を掻き立てる出来事というものは人生にはつきものです。誰でも、腹が立つことや辛くなることがあります。でも、そのとき、その出来事の事実的な部分のみを受け入れて、それによって掻き立てられた情緒を受け入れないと、受け入れなかった情緒はその出来事の記憶の周りに絡みついたままになってしまい、感じることができなくなってしまいます。あるいは、情緒を伴う出来事そのものをすっかり忘れてしまったりします。そういう出来事の情緒面を思い出すことや、忘れられてしまった出来事を情緒とともに思い出すことが治療的だとフロイトは考えました。「ああ、自分はあのことに心底怒っていたんだ」と思ったら少し楽になった、といったことは、皆さんも経験しているのではないでしょうか。心的エネルギーは適切に発散される必要があるのです。ただここで、適切に、というのが大切で、むやみに発散すれば良いというものでもありません。あまり激しく発散すると、激怒のような激烈な情緒の表現になってしまいます。

「心理学草稿」の話に戻りましょう。フロイトはこの仕事を相当な熱意で短期間に仕上げてしまいました。興奮状態と言ってもよい状態にあったようです。ほとんどこの原稿のことだけ考えて、ずっとこれだけやっていたそうです。その中でフロイトは実にさまざまなことについて考えていきました。

たとえば、フロイトは**透過性のあるニューロン** *permeable neurons*（英）というものと**透過性のないニューロン** *impermeable neurons*（英）というものを考えました。そして透過性のあるニューロンからできている二つのシステムを考えて、それぞれにϕ（ファイ）およびω（オメガ）という名前を付けて、一方で、透過性のないニューロンのシステムにψ（プサイ）という名前を付けました。ϕおよびωは感覚や知覚にかかわるシステムで、ψというのは思考や記憶にかかわるシステムです。

ここにおける「透過性」というのは、先ほど述べた、ある量を持った心的エネルギーあるいは$Q\acute{\eta}$というものがそのまま通って行けるかどうかということです。$Q\acute{\eta}$がそのまま通って行って何もあとに変化を残さなければ、それは「透過性がある」ということで、$Q\acute{\eta}$が永続的な変化をもたらすならば、それは「透過性がない」ということだとフロイトは論じました。

透過性の有無が、感覚や知覚をもたらすニューロンと記憶を作るニューロンの違いをもたらす、とフロイトは考えました。すなわち、知覚に関するニューロンは、刺激に対して反応しなければなりませんが、刺激の後にはすっかり元通りに戻っていなければなりません。そうでないと、繰り返し知覚することができなくなるからです。一方、記憶に関するニューロンは、刺激に対して反応し、かつそれを保持しなければなりせんから、刺激の後にすっかり元通りに戻ってしまうのでは困ります。永続的な変化を残さなければ記憶というものはできないからです。そのように永続的な変化を残す性質のことを「透過性がない」とフロイトは名づけました。

透過性があるとかないとか、なぜそのような議論をしているのか不思議に思うかもしれません。ここでの透過性のあるなしの話の重要性は、人の悩みにおける記憶の重要性を考えると分かります。もし人に記憶というものがなかったらどうでしょうか。もし、いろいろな感覚や知覚はあって、いろいろな体験はするけれども、それが記憶に残らないとしたらどうでしょうか。そうすると、悩みというのはその瞬間に限るもので、「あのときああだった」という類の悩みというものはなくなることになります。記憶というのは悩みの根源なのです。そして精神分析は、記憶の中でも、もっとも奥にしまい込んであるもの、他の言い方をすれば無意識的な記憶の問題を扱うものなのです。だから、ここで透過性があるとかないとかいう話が問題になっていると考えると分かりやすいかと思います。

とは言え、フロイトの透過性の議論はここまでに留まりました。フロイト自身、さらにこの概念を発展させて完成させていくことはしませんでしたし、のちに科学的に証明されたものでもありません。よくよく考えるとおかしな点も多々あります。だからこそ「草案」にとどまったのだと考えて、あまり細部には深入りしなくてよいと思います。ただ、心的エネルギーの流れがせき止められていたり、せき止められていなかったり、他のところに振り向けられていたり、という基本的なフロイトの発想が「心理学草稿」にすでにみられていたということを理解しておくことがここでは重要です。

慣性原理

もう少し「心理学草稿」の話をしましょう。こころの機能が$Q\acute{\eta}$という一定の量を持つ心的エネルギーの流れによって説明される、というフロイトの考えは、いくつかの原理の上に成り立っています。原理というと固い感じがしますが、基本前提のようなものとして理解すると分かりやすいでしょう。一つ目は、**慣性原理** *principle of inertia*（英）

Trägheitsprinzip（独）というものです。これは、ニューロンは心的エネルギーを持った状態を保つことはできず、心的エネルギーを取り除こうとする傾向を持っている、というものです。取り除かれた心的エネルギーは、自由な心的エネルギーとして周りに散っていくことになります。余分なものはこころにずっと置いておくことはできず、ほっておくと自然に周りに広がって行く、ということです。

この慣性原理の支配が優勢な状態でのこころの働き方を、フロイトは**一次過程** *primary process*（英）*Primärvorgang*（独）と呼びました。心的エネルギーが、抑えられることなく、自由であるような世界です。一次過程的なこころの働き方は、われわれの通常のこころの働き方、たとえば皆さんが今まさにここで私の話を聞いているときのこころの働き方とは大きく異なります。

今皆さんの中には、私の話を聞きながら、なるほどと思ったり、それは違うと思ったり、さらにはお腹がすいたり、眠くなっている人がいるかもしれません。でもそれをそのまま自由にしておくということはないでしょう。突然立ち上がって、コンビニにおやつを買いに行って、それをここで食べたりすることは皆さんはしないわけです。なぜならば、講義の間は静かに聞いていなければならない、すくなくともそのように見えなければならない、自分のしたいように勝手に振る舞ってはいけない、という決まりが皆さんの頭の中にあるからでしょう。だから、お腹がすいた、という身体的刺激があっても、それを何とか抑えようとします。

一方、一次過程的なこころの働きは、自由なままに物事が進んでしまうような心的世界、調整も何もしないで、したい放題にしている心的世界におけるようなこころの働きです。そしてそれは、無意識的な世界の特徴である、とフロイトは考えたのです。

のちにフロイトは、一次過程的なこころの働きの特徴として、抑えがなく自由である、という以外に、非因果性、無時間性、非論理性などを挙げました。一次過程的なこころの世界では、時間の経過も関係ありません。ですから、一度受けた試験をもう一度受けることができたり、卒業したはずの学校の単位が不十分だったり、そういうことが一次過程的な世界では容易に起こります。夢の世界がそうです。

このようにフロイトは、こころの一番自由な状態のことを考えるところから始めました。しかし、もちろんこころは自由にしてばかりしていられるわけではありません。なぜ自由にしていられないかというと、その理由の一つは、**現実** *reality*（英）*Realität*（独）というものの存在です。

もし現実というものを人が気にしなくて良いのだとしたら、こころの中で自由にして、それで良い、ということにもなりかねないのですが、実際にはわれわれは現実の中にどっぷりつかっています。そしてお腹が減ったり、襲われそうになったりするので、現実にこころがついていかなければならなくなります。ですから、単純な一次過程的なシステムではこころはいられなくなるのです。

人が現実というものの中に生きているということに加えて、人が**身体**を持っているということは、こころが自由にばかりしていられないもう一つ理由です。食欲や性欲、さらには苦痛を回避したいという願望などは、われわれの身体に予め備わっているものです。理屈を超えて、それらを満たすようにわれわれに迫ってきます。そのようにこころに仕事を課すのです。それをフロイトは**欲動** *drive*（英）*Trieb*（独）と呼びました。精神分析の考え方に特徴的なのは、このように人の身体性に着目し、身体を持ちながらも、身体が求めるものを即座に満たすことの難しい現実の中に生きていて、常に両者に挟まれているという**葛藤** *conflict* を生きている存在、という人間観です。

機能的分割

　このように、こころは葛藤を生きているとフロイトは考えたのですが、続いて、そういうこころはどのような状態になっているのか、ということについてフロイトは考えていきました。その方法は、科学者を志していた者らしいものだと言えるかもしれません。科学的思考の特徴の一つは、考えなければならない問題があるときに、それを扱うことのできるいくつかの小さい問題に分けてみることです。フロイトもそのように、こころをいくつかの部分に分けていくことで、こころというものの全体を理解しようと試みました。

　こころの中に生じた不快なもの、たとえば、食欲を満たしてくれる食べ物が現実にはないために生じる空腹感であるとか、性欲があるのに性的パートナーがいないために生じる性的な欲求不満などに対して、こころは何か対処をしなければなりません。すなわち、こころの状態を調整しなければならないのですが、すると、心に、いわば、何らかの濃淡のようなものできてくるのは避けられません。

　こころがどこをとっても全く均一であるとしたら、どうでしょうか。こころの中に生じた不快なものが存在するこころの部分と、それを対処するためのこころ部分が同じこころの中に存在するということを説明できなくなってしまいます。言い換えれば、こころには、部分によって機能的な違いがある、ということです。こころはそのようなシステムである必要があるのです。

　たとえば今、こころにある種の不快が生じたとして、それを処理するためにその不快をこころのどこかにまとめて押し込んでしまうとしましょう。すると、不快なものの置き場という機能を担うこころの部分と、不快なものが置き場から漏れ出てしまうことがないようにそこに留めておくために抑えるという機能を担うこころの部分が必要になります。こころはそういった制御を必要とするのです。

恒常原理

こういうこころの制御のあり方を決める上での基本的な原理を、フロイトは**恒常原理** *principle of constancy*（英）*Konstanzprinzip*（独）と呼びました。恒常原理とは、こころは安定性を好む、という原則です。こころに濃淡ができるのは仕方ないけれど、濃淡を作るとしてもある程度安定性を確保するようにして下さい、ということです。他の言い方をするならば、こころは不安定な状態に長くあることはできない、ということでもあります。

人の性格は、ある程度安定しているものです。自分を厳しく律することができるか、ということを考えても、その程度は人によってある程度決まっています。日によって違うということは多少はあるとしても、全く別人のようになってしまうことは病理的な状態を除けばほとんどありません。それよりも、人によっての違いの方が大きいものです。自分を厳しく律する人はいつも律しているものですし、自分に甘い人はいつも甘いものです。そういう意味で、こころは安定性を好むものです。

ただ、こころに安定性がないことがその人の性格の特徴であることはあります。でもそういう場合でも、安定性のなさということが安定して存在している、と言えます。同じ人に繰り返し会って、同じ人に会っているという感覚を持つことができるのは、このこころの安定性があるからです。厳しい人はいつも厳しく、不安定そうな人はいつも不安定である、ということです。

こころの制御の話を続けましょう。こころを制御するような機能は、最初は一時的に導入されるだけかもしれません。でもそれが恒常的に導入されることになると、こころは機能的にしっかりと区分されることになります。他の言い方をすると、こころが**構造** *structure* を持つようになる、ということです。

そのようにして構造化されたこころのいくつかの領域に、フロイトは名前を付けていったのでした。欲動の源を含むこころの部分にフロイトは**エス** *Es*（独）（**イド** *id*（英））いう名前を付けました。他のこころの構造として、フロイトは**自我** *ego*（英）*Ich*（独）および**超自我** *superego*（英）*Über-Ich*（独）というものを考えました。

フロイトによれば、こころには欲求の性質を監視して、それを満たして良いものであるのか満たしては良くないものなのかを判断する部分があって、それが超自我になります。一方、満たすこと、あるいは満たさないこと、そのこと自体を遂行する機能を持っているこころの部分が自我になります。なお、自我という場所や超自我という場所が実際に脳の中に位置づけられるかのように思えてしまいますが、ここではあくまで機能的区分としての話をしています。

局所モデルと構造モデル

このように、こころというものは、最初は全く自由な状態なのだけれども、そこに内外からの影響を受けつつ領域が刻み込まれていく、という感じでフロイトのこころのモデル化が進んでいきました。少し先取りして、フロイトのこころのモデル化について簡単に紹介しておきましょう。

最初にフロイトが考えたこころのモデルを**局所モデル** *topographic model*（英）*topische Modell*（独）と言います。一方、エス、自我、超自我からなるものとしてこころを描くモデルを**構造モデル** *structural model*（英）*Strukturmodell*

（独）と言います。関連して局所論、構造論という言葉がありますが、これらはそれぞれ、局所モデルに依拠している議論、構造モデルに依拠している議論、という意味です。構造モデルはフロイトが最終的にたどり着いたモデルです。構造モデルは、現実をはじめとしていろいろな課題に曝されながらも、身体に埋め込まれたものとしてのこころがそれなりに安定して存在していられる理由を説明するためのモデルだったのです。

こころが不安定になるということ、それはこころが病むということでもありますが、それがどういうことなのかを説明するのにも、こういうモデルは役に立ちます。たとえば、欲求を満たすことを酷く恐れて、過剰なまでに自己処罰的になっている人がいますが、そういう人は、超自我機能が過酷だ、と説明することができるようになります。フロイト以降、超自我の研究が進み、その後そのような超自我は、**過酷な超自我** *harsh superego* あるいは**迫害的超自我** *persecutory superego* と呼ばれるようになりました。

さて、だいぶ先取りしてしまいましたが、「心理学草稿」の話に戻りましょう。慣性原理が一次過程的なこころの機能と関連していると言いましたが、恒常原理は心的世界の**二次過程** *secondary process*（英）*Sekundärvorgang*（独）と関連している、とフロイトは言いました。二次過程は、先ほどの一次過程と対比されるもので、制御を伴う過程です。そして、制御の必要性の源は、身体性と現実の存在でした。こころが現実からの刺激の流入を受けると、こころはそれを制御しなければならなくなりますが、そのようにして制御されて自由を失った心的エネルギーを用いるこころの働きを二次過程と呼ぼう、とフロイトは言いました。二次過程とは、意識的な世界、因果律、時間性、論理性などと関係しています。フロイトは、全くの自由なものが次第に制御されていく過程としてこころの成り立ちを考えていました。一次過程的なこころの働きが、次第に制御されて、二次過程的なものになる、ということです。

ここで、神経系に最初から備わっている機能として、**通道** *facilitation*（英）*Bahnung*（独）というものにフロイトは言及しています。これも非常に大切な概念でして、どういうことかというと、こころができていくためには心的エネルギーの道筋ができないといけない、ということです。誰も足を踏み入れたことのない森林に、人が入って、踏み固められて少しずつ道ができあがっていくような感じです。英語では facilitation ですが、ドイツ語では Bahnung です。Bahn はドイツ語で道のことです。したがって、Bahnung とは、道にする、あるいは道を通す、ということです。ドイツ語の方がニュアンスが分かりやすいと思います。

それは実際どのように道を通すのかというと、最初は勝手に、したい放題に道を通します。けれども、いつまでもそうやっているわけにはいかなくなります。あるところには道が通っているけれども、あるところには道が通っていなかったりするようになります。そのように道の通りを妨げるものを**接触障壁** *contact-barriers* とフロイトは呼びました。そういうこころを制御しなければならなくなるので、道の通りにも制限をかけなければならなくなるということです。そういう機能は、通道をはじめとする神経系の一次的機能に対して、神経系の二次的機能である、とフロイトは述べました。接触障壁という概念は、のちに、ビオンという分析家も着目した概念です。

記憶は ψ システム、すなわち透過性のないニューロンと関わっている、とフロイトが言ったということをさきほど話しましたが、通道という言葉を用いると、フロイトの同じ考えは、ψ システムのニューロンの間の通道の違いによって表される、と言い換えることができます。外的世界からの刺激がこころに記憶として痕跡を残すかどうかは、通道の仕方によるということです。

この辺りの議論は、フロイトは「心理学草稿」のあとは引っ込めてしまうのですが、非常に抽象的な話ではありますが、そういうふうに考えると臨床的に説明しやすいことが実際あります。この考え方を用いると、記憶が問題になっているこころの病というものは、その道筋を整理してやればよい、あるいはそもそも道筋がついていなければそれをつけてやればよい、ということになるわけです。間違った道筋を通っているものは、きちんと道筋をつけてやればよい、となるはずです。

一例を挙げると、疼痛性障害(注1)というものは、特定の身体部位に必要以上の心的エネルギーを注いでしまっていることによってもたらされる、と考えることができます。余計なところに心的エネルギーを間違って注いでしまった結果、痛みが生まれることがあるのです。たとえば、怒りを表現するべきなのに表現しないでいると、その道筋が身体の方に通ってしまって、痛みとして体験されてしまうということがあります。実際、疼痛性障害の患者さんの中には怒りを抱えている方が多いと言われています。

以上のように、フロイトには、心的エネルギーの自由な状態がだんだん構造化されていく、という基本的な発想がありました。こころの中の自由な心的エネルギーが特定のところに留めて置かれるようになることを、フロイトは心的エネルギーの**拘束** *binding*（英）*Bindung*（独）と呼びました。先ほど、二次過程は自由を失った心的エネルギーを用いていると言いましたが、言い換えれば、二次過程は、拘束された心的エネルギーを用いているのです。

ここで**備給** *cathexis*（英）*Besetzung*（独）という概念が出て来ます。心的エネルギーは全体の量が決まっていて、それをどこに留めておいて、どのように配分するか、それを決めるが自我だ、とフロイトは考えました。そして、備給の向う先のことを、**対象** *object*（英）*Objekt*（独）と呼びました。誰かを好きになることや何かに熱中したりすることは、フロイト流に言えば、すべて、対象への備給です。誰かを好きになるということは経験的には当たり前のように起こることで、それを説明するのにわざわざ心的エネルギーというものを持ち出す必要はないのではないか、と思うかもしれませんが、是非はともかく、フロイトは心的エネルギーの対象への備給という図式によって、人が誰かに想いを寄せるということを説明したのでした。

ここまで、「心理学草稿」でフロイトが論じたことをその後の精神分析の話も交えながらいろいろと紹介しました。フロイトは、最終的には、こういうモデルではこころの複雑な現象を説明することはできない、と諦めました。ですから、今回学んだ概念の中のいくつか、たとえば、透過性や通道といった概念は、その後はフロイトの仕事から消えてしまいました。

もっとも、現在、一部でリバイバルの動きはあります。神経精神分析という分野があって、そこで「心理学草稿」が取り上げられたりしています。エリック・カンデル Eric Kandel という大変高名な神経科学者がいます。記憶のメカニズムの研究でノーベル賞を受賞した方ですが、この方はニューヨークの医師で、実は若い頃は精神分析家になることを考えていたそうです。その後神経科学者になったのですが、のちのキャリアで再び精神分析への関心を示すようになりました。「心理学草稿」における議論がそのまま現在の科学でも通用するということはもちろんないのですが、現代の議論の先駆けとも言えるようなアイデアが盛り込まれた未完の草案として「心理学草稿」を読むこともできるでしょう。

（注１）ＤＳＭ－Ⅳ－TRにおける呼び名。ＤＳＭ－５では、疼痛が主症状の身体症状症と呼ばれている。

第3講　精神分析の始まり

コカインとフロイト

前回は理屈っぽい話をだいぶしましたが、今回はいよいよ、「心理学草稿」と同じ年に発表されて、精神分析という治療法を確立したと言われる『ヒステリー研究』の紹介をします。さらに、そこから精神分析がどのように確立していったのかまで話したいと思います。

しかしその前に、ここでコカインとフロイトの話をしておかなければなりません。皆さんも聞いたことのある、違法薬物のあのコカインです。覚醒作用が極めて強く、異常な興奮や幻覚を引き起こす作用のある危険な薬物です。コカインは、切れると今度は一気に鬱になる、そういう薬物です。それで、重度の薬物依存者になるとそこからまたハイになろうとコカインを使ったりするのですが、そうなるともう悪循環です。そういう薬物ですが、それを医学的に使おうと言い出したのが実はフロイトなのです。フロイトは、痛みがあったり、元気がなくなったりしたときにコカインを使うと効果があることを発見しました。それで一八八四年から一八八七年ぐらいまでフロイトはコカインに関わっていたのでした。コカインの医学的使用の可能性はその後すっかり否定されてしまったために、コカインと一時期関わっていたことは、フロイトにとって大変不名誉な過去となりました。その後しばらくの間、フロイトと言えば、「あのコカインのフロイト」というイメージになってしまったからです。

当時、今でも使われている麻薬性鎮痛薬のモルヒネは、すでに使われていました。しかし、モルヒネは癖になるし良くない、とフロイトは思っていました。ところがコカインは癖にならずに非常に良い、とフロイトはすっかり信じてしまいました。もしかすると薄々怪しいと感じつつも、コカインのことで名声を得ようとして、フロイトはコカインの良さを信じようとしたのかもしれません。それで一生懸命コカインを使っていた時期がありました。フロイト自身、実は神経衰弱 neurasthenia の傾向を持っていたと言われています。気分が不安定なところがあったのです。それで自分自身でコカインを使ってみると、持続的に爽快感が得られて、コカインの効果に魅せられていったそうです。そして自分で使うだけではなくて、エルンスト・フライシュル・フォン・マルコフ Ernst Fleishl von Marxow という人がいたのですが、この人にもコカインを勧めました。フライシュルは、フロイトと同じくブリュッケの助手で、フロイトとは非常に親しい仲だったのですが、神経腫という病気を持っていて、そのためにひどい痛みに悩んでいました。フライシュルはすでにモルヒネを使っていたのですが、フロイトは、もうモルヒネは止めて、代わりにコカインを使うことをフライシュルに勧めたのです。フロイトは他に、自分の婚約者のマルタ・ベルナイスにすらコカインを勧めたとも言われています。でも、自分も婚約者のマルタも、コカインに依存するようにはなりませんでした。ところがこのフライシュルという人はひどいコカイン依存に陥り、フロイトが考えていた量よりもはるかに多い量を使うようになってしまい、悲惨な死を遂げました。その後、フロイトはフライシュルにコカインを勧めてしまったことを非常に後悔したそうです。とても悲劇的なエピソードです。

このエピソードは、フロイトの万能感を示すものとする議論があります。すなわち、フロイトには万能的な所があって、スカッとした感じとか、ものすごい解決策とか、そういうものに惹かれていくようなメンタリティを持っていたと言われています。そのようなフロイトの側面がにじみ出ているのがこのコカインのエピソードです。

薬物にはまる人と言うのは、大体そういう、スカッとするような感覚を求めている人が多いのです。こころの問題というのは、そういうふうにスカッと解決するようなことはほとんどなくて、辛さを受け入れていくとか、落としどころを見つけるとか、そんな感じで先に進むことができるようになることが多いのですが、コカインのような危険な薬物というのは、もっと万能的な解決をこころの問題にもたらしてくれるような錯覚を与えます。フロイトにも、そういう錯覚に嵌ってしまうところがあったのかもしれません。フロイトとコカインの関係は、精神分析の専門家にとって今でもあまり触れたくないところかもしれません。ただ、フロイトという人間を本当によく知るためには、この時代のフロイトにはそういうダークサイドがあったということを知っておく必要があるので、ここで触れておきました。

『ヒステリー研究』

それでは、『ヒステリー研究』について話しましょう。前回「心理学草稿」の話をしましたが、今話したようなコカインのエピソードがあったりするなか、「心理学草稿」に書いたようなことを考えながら、一方でフロイトは医師として診療にあたり、ヒステリー患者の研究をずっとしていたわけです。実はこの本はフロイト単独で書いた本ではなくて、ブロイアーとの共著です。この中でブロイアーとフロイトは、複数のヒステリー症例を呈示し、驚くほど細かく症状を追って、論じています。

この中にいろいろな患者が出てくるのですが、アンナ・Oという患者が多分一番有名ではないかと思います。この人はブロイアーが一八八〇年一二月から一八八二年六月まで治療した患者です。ブロイアーも開業医だったのですが、有名な人を患者として結構診ていたようです。たとえば、哲学者のブレンターノや、作曲家のブラームスはブロイアーの患者だったそうです。

『ヒステリー研究』に出てくる患者は、非常に重い病理を抱えていた人が多いです。今の精神医学の用語では、このヒステリーというのは、転換性障害 conversion disorder と呼ばれています。これは、身体の異常がないのに、神経系の症状が出るという病気です。神経系の、とここで言っているのは、心的な、という意味ではなくて、歩けなくなったり、しゃべることができなくなったり、耳が聞こえなくなったり、という意味です。そのような神経系の症状が出ているのに、身体を調べてもどこも悪くないという患者さんがときどきいます。もちろん鑑別が難しく、本当の病気を見逃したら大変なことになるので、診断はとても慎重にする必要があります。伝統的に、精神疾患を、幻覚や妄想を呈する精神病というグループと、そういうものがない神経症というグループ、さらには、精神病と神経症の中間のグループに大別するやり方があるのですが、ヒステリーというのは神経症グループの疾患の代表的なものの一つです。

ヒステリーは、もともと女性特有の病気だと思われていました。hystero という言葉は「子宮」という意味です。たとえば子宮摘出術のことを hysterectomy と言います。ですから、ヒステリーという名前は、それが女性と関係していることを強く示唆するものです。でも実際は、ヒステリーは男性でもなりますので、この命名はあまり良いものではありません。このように激しい症状を呈するヒステリーという病気にきちんと取り組んだ医者のさきがけがフロイトのパリでの師匠であったシャルコーだったわけです。シャルコーは、催眠術を使ってヒステリー症状を呼び起こしたり、消し去ったりすることができたわけですが、それだけではなくて、話すことによってヒステリーの治療を初めて行ったのがブロイアーでした。

アンナ・O

それでは、アンナ・Oという患者の治療について少し詳しく取り上げましょう。本名はベルタ・パッペンハイムと言いました。この方は、一八八〇年に二一歳で発病しました。アンナ・Oは高い教養のある女性で、英語とドイツ語を両方話すことのできる人だったそうです。この人は父親を非常に慕っていたのですが、父親が病気になって、その看病をしている間に発病したのでした。

ブロイアーが治療を始めたときは、ヒステリー性の咳、気分の変動、視覚障害、身体の右側の麻痺、うわの空のエピソード、幻視、言語障害など、実にたくさんの症状があったそうです。ただずっとこういう状態だったかというとそうではなく、正常状態と、一連の症状が出現する夢遊病のような状態とが、しばしば交代するような状態だったそうです。そして後者を「第二状態」*condition seconde*（仏）とブロイアーは呼びました。

なぜこのようなことが起こるのかということを説明するために、ブロイアーとフロイトは、**類催眠状態** *hypnoid state* という概念を用いました。催眠に類似した、意識のぼんやりした類催眠状態というものがあって、それがヒステリーの基盤である、と論じたのです。この類催眠状態というのは分かりにくい概念なのですが、簡単に言えば、自分で催眠状態に陥ってしまっているような状態のことです。ブロイアーとフロイトは、この類催眠状態が外傷的で情緒のこもった体験と重なると、そのような体験をこころに統合できなくなって、こころの中に異物として残ってしまう、と考えました。そういう異物的なこころの部分が時々戻ってきて、別人格になってしまう、と考えたのです。催眠下では別人格のような振る舞いがしばしばみられますが、それが、ヒステリーでは催眠を施行する術者の助けなしに起こるようになってしまっている、ということです。

そして、そういう異物的なこころの部分のもとになった外傷的な体験を分析家に話すことで、その体験に絡んだ情緒もろともこころに統合され、症状が消える、とブロイアーとフロイトは論じました。このプロセスを**除反応** *abreaction*（英）*Abreagieren*（独）と言います。ドイツ語の ab は、離れる、あるいは取る、という意味です。ですから、最初の反応 reaction が不十分なものだったので、話すことによってそれを取り除いてやる、ということで、除反応、です。話していなかったことを話すことで、不十分な最初の反応を取り除いてやって、こころの中で通り道を失ってしまっていた内容に再び通り道を与えてやるようなものです。アンナ・Oは、ブロイアーとの治療を、**談話療法** *talking cure* と呼びました。他に、煙突掃除 chimney-sweeping とも呼んだそうです。

アンナ・Oの場合、どんな症状が除反応されたかいくつか挙げてみましょう。彼女はコップから水を飲めないという症状を持っていたのですが、ある日ブロイアーと話をしている間に、昔、使用人が子犬にコップから水を飲ませていたのを見てひどい嫌悪と怒りを感じた、ということを思い出しました。すると症状が消えて、またコップから水を飲むことができるようになりました。アンナ・Oは、嫌悪と怒りを抑えてしまっていたので、その気持ちをブロイアーに話すことで、除反応が達成されたのです。

また、彼女はドイツ語が母国語だったにもかかわらず英語しか話せなくなっていました。ある日、父親の看病をしているときに、黒い蛇が父親を咬むという白昼夢を見たのですが、蛇を払いのけようとしても手が麻痺してしまっていて、慌ててお祈りをしようとしたらドイツ語のお祈りが浮かばず、かろうじて英語のお祈りの言葉が浮んだ、という出来事がありました。それを思い出してブロイアーに話したら症状が消えたのでした。

このようにして、話すことを通して症状を解消していくのがアンナ・Oが名付けた談話療法であり煙突掃除でした。ただ、談話療法とか煙突掃除といった言葉は専門家向けの言葉ではありませんから、より専門的に、フロイトとブロイアーは、それを**カタルシス法** *cathartic method* と呼ぶことにしました。滞っていた情緒の流れを通してやることで症状を解消する、という方法です。これが精神分析の出発点でした。なお、ブロイアーとアンナ・Oの「談話」は、ブロイアーが催眠をかけてから行われたり、アンナ・Oが自分一人で催眠状態に入ったりしている間に行われています。ヒステリー症状のそもそもの始まりは類催眠状態における外傷的な情緒体験だったとブロイアーは考えていたので、それに近い状態で「談話」を行えばよいだろう、となったわけです。余談ですが、アンナ・Oは、のちにフランクフルトに渡って、ドイツで最初のソーシャルワーカーになったそうです。

他の患者たち

他の患者たちについても、少しだけ触れておきます。詳しくは、ぜひ自分で『ヒステリー研究』にあたってみてください。

エミー・フォン・Nという患者ですが、フロイトが最初にカタルシス法を試したのがこの患者です。動物恐怖症で苦しんでいた四一歳の女性だったのですが、フロイトは一八八九年に六週間治療を行い、彼女の苦しみを軽減することに成功しました。ただ、ブロイアーによるアンナ・Oの治療とは違うところがあって、それは、催眠をかけなくとも、患者に自由に話させると、催眠下でいろいろと質問をして話を聞き出すのと同様の効果が得られることが分かったことでした。「自由に話してください」というセラピーの先駆けです。

ミス・ルーシー・Rという患者は、妻を亡くしたウィーンの工場主の家の家庭教師として働いていた女性でした。彼女は、不機嫌と疲労感、「焦げたプディングの臭い」に悩まされていました。この症例の場合、フロイトは彼女になかなか催眠をかけることができませんでした。それで代わりに、自由に連想するように指示すること、すなわち自由連想法を初めて試しました。もっとも、同時に、前額を軽く抑えて、思い出しなさい、と指示するという前額法と呼ばれる方法も試したとのことですから、自由連想法と催眠法の中間のようなことを行っていたと言えるでしょう。

二四歳の女性患者エリザベート・フォン・R嬢の症例は、フロイトによる、ヒステリー症例の最初の完全な分析だったと言われています。この患者は二年以上前から両足の疼痛、特に右大腿の疼痛、そして歩行困難に悩まされていました。話を聞くと、患者は自分の父親の心臓病の看病と介護を一年半続けましたが、その甲斐なく、父親は亡くなってしまい、さらに、続いて患者の姉も亡くなってしまったということでした。前額法を用いながら、こころに浮かんでくることを自由にフロイトに言うように指示すると、やがて、そもそも足の疼痛が始まった頃の話にたどり着きました。父親の看病をしていた頃、彼女はある男性に恋をしていたのですが、父親のことを優先して、その恋を断念したのでした。そして、右大腿は、毎朝父親の包帯を直すときに、父親が自分の足をかけていた場所であることを患者は思い出したというのです。すなわち、右大腿というのは、恋心と父親の世話の間の葛藤を象徴する場所だったのです。これらの話を思い出してフロイトに語ったことで除反応が進み、患者は劇的に改善したということです。さらに、その後に姉がなくなった後、姉の夫を自分のものにしたいという気持ちが生まれ、そのころに疼痛が始まったことも思い出されました。これらの一連の想起によって、除反応が達成されたのでした。

ヒステリーの病因としての無意識

以上のような治療経験を通して、フロイトはヒステリーの病因が無意識の世界にある、と確信したのでした。こころは、不快な観念や感情を抑圧によって防衛します。そういった観念や情緒はこころを不安定にしてしまうからです。それらは、抑圧によって無意識の世界に留まることになります。そうするとこころは当座の安定を得ることになります。しかしそれで終わりではありません。抑圧は不完全な解決法なのです。無意識の中に留まってはいるものの、各種のヒステリー症状を形成してしまいます。フロイトは、それらの原因となる記憶を話させることにより症状を消退させることができることを繰り返し確認しました。ここにおいて、精神分析という治療が立ち上がったと言えるでしょう。同時に、フロイトは催眠療法の限界にも直面しました。催眠にかからない患者の存在です。そこでフロイトは前額法を試しましたが、やがてそれは自由連想法へと発展していきます。フロイトの理論が羽ばたくための準備がここにできあがりました。

精神分析の確立に向けて

フロイトの精神分析理論がその後どのように展開していったのか、話を続けましょう。前回にも話しましたが、フロイトは、これだ、と思う人に惚れ込む傾向がありました。生理学のブリュッケ教授に対してそうでしたし、一八八二年から一八九五年頃まではブロイアーに私淑していました。それが『ヒステリー研究』の執筆という成果につながったのでした。また、一八八七年頃から、フロイトはヴィルヘルム・フリース Wilhelm Fliess という耳鼻科医に惚れ込んでいました。ものすごい量の、数百通におよぶ書簡をやり取りしています。フロイトには、フリースとのやり取りを通して自分の考えをまとめていくという、そういう時期がありました。フロイトは年上の男性に私淑する傾向がありましたが、フリースは二歳年下で、ブリュッケやブロイアーとは違った存在だったようですが、やはりフロイトにとって欠かせない人物でした。

その間にフロイトは自身の父親を失います。父親の死がきっかけとなって、フロイトは自己分析というものを始めました。後にフロイトは、「終わりのある分析とない分析」(Freud, 1937) の中で、精神分析家というものは、自分自身、五年位ごとに分析を受け続けなければならない、そしてそれは必要なことだから恥ずかしがることはない、と言っています。しかし、その例外がフロイトです。フロイトの前には精神分析家はいませんから、フロイトは自分で自分を分析するしかなかったのです。精神分析の世界では、フロイトから分析を受けた分析家、フロイトから分析を受けた分析家に分析を受けた分析家、フロイトから分析を受けた分析家から分析を受けた分析家から分析を受けた分析家、などのように、フロイトに発する家系図のような系列を書くことがあります。しかし、例外があって、その代表がフロイトです。

フロイトは、自己分析を通して、自分にとって父親がどういう存在だったのか、という問題意識を深めていき、そこで息子と父親の普遍的なライバル関係に気づきました。それが有名な**エディプス・コンプレックス** *Oedipus complex* の概念の把握になったのですが、それがこの時期でした。エディプス・コンプレックスについては第5講で詳しく説明します。

心的エネルギーについて

前回、「心理学草稿」の話の中で、フロイトの大切な概念として$Q\acute{\eta}$というものを紹介しました。そして、この概念ののちの発展形としての心的エネルギーという概念について話しました。「またあの分かりにくい概念の話か」と思うかもしれませんが、大切な概念なので、復習を兼ねてもう少し話しておきましょう。

フロイトは、心的エネルギーを用いて精神活動が営まれる、と考えました。そして、心的エネルギーの総量、あるいは総和、は決まっている、と考えました。たとえば、家の中で使う電気を考えてみてください。一度に使える電気の総量は決まっています。それと同じようなイメージです。電気が家の中のさまざまなところに分配されて使われるように、心的エネルギーもさまざまに分配されて使われるのです。心的エネルギーの総量が決まっているとすると、何らかの理由で新たに心的エネルギーが加わって、その総量が増加するとしたら、それをただほうっておくわけにはいきません。増えた分の心的エネルギー量をこころのどこかに分配しなければならなくなります。そして、もしその分配の仕方に問題があると精神的な病気になる、という考えがフロイトの発想の根本にありました。

もちろん、心的エネルギーはいつも精神病理の源になるわけではありません。まず、心的エネルギーがただ発散されると、それは**情緒**になります。心的エネルギーを不自然に分配するかわりに泣いたり怒ったりすることで発散すると、精神病理を来たさなくなる、というわけです。発散以外の他の方法もあります。ただ単に発散しないで、その心的エネルギーを他のやり方で扱うというものですが、その一つは、フロイトによれば、**思考**です。心的エネルギーを少しずつ移動させていくことが思考だ、とフロイトは言いました。このように、フロイトは当初、この精神的な量というものにこだわって、それによってこころを理解しようとしました。

ところで、心的エネルギーを、電気のように測定可能な何らかの物理的エネルギーであると考えてしまうのは間違いです。あたかもそうであるように考えてしまうと理解しやすいので先ほど電気のたとえを用いたのですが、心的エネルギーとしてフロイトが考えていたのは、物理的エネルギーとは違うものです。

しかし、物理的エネルギーではないとしたら一体何なのか、という疑問が残ります。それに対する明確な答えは実はありません。フロイトの考えた心的エネルギーは、物理的エネルギーのように測定したりできるようなものではない、ということが言えるだけです。ですから、フロイトの心的エネルギーは、一つの**メタファー**だと思っておくとよいでしょう。

フロイトの心的エネルギーとは別に、愛や怒りなどの情緒体験を何らかの物理量を用いて表現することができる日がいつか来るかもしれません。しかし今のところまだそれには程遠い状態です。

さて、心的装置に新たに加わる心的エネルギーは、基本的には、二つの方向から到来するという発想をフロイトは持っていました。すなわち、心的エネルギーは、われわれのこころの外部と内部から、ある種の刺激として到来する、という発想です。われわれのこころというものは、この二つの源の間でいわばサンドイッチ状態になっているのです。われわれのこころは両側からの刺激をうまくいなしてやる必要がある、というわけです。

特に、精神分析の世界で問題になるのは内部に由来するもので、そのような内的な源をフロイトは**欲動**と呼びました。それでは、刺激が外部に由来するとはどういうことかというと、それは**知覚** *perception* であるとか、**体験** *experience* という言葉で表されるものになります。その源は、**現実** *reality* になります。現実の知覚や体験の不快の程度が酷いと、それは**外傷** *trauma* と呼ばれるものになります。

自我は、内部からの突き上げと外部由来の知覚や体験の両方に曝されていて、刺激されている状態にある、ということです。そのような刺激がその後どうなるかというと、フロイトは電気生理学的モデルを頭の中に持っていたので、ほうっておくと広がっていくと考えました。それをフロイトは「心理学草稿」の中で慣性原理と呼んだのでした。

一方、こころは安定性を好みます。すなわち恒常原理です。フロイトが研究していた生理学の分野の重要な概念に、**ホメオスタシス** *homeostasis* という概念があります。ホメオスタシスというのは、体の内部の環境が一定に保たれる、ということです。たとえば、体温が五〇度とか二〇度という人はいません。血圧が五〇〇 mmHg だという話も聞いたことがないと思います。そういう状態だと、人は死んでしまいます。大体これぐらいだったら大丈夫だ、という範囲内に、体内の環境を抑えておく必要があるわけです。そういう原理があって、それがこころにも当てはまる、とフロイトは考えました。フロイトが生理学を研究していたことの影響はこういうところにも見られます。生理学というのは、人体が安定性を保っているということはどういうことか、そしてそれはどのようにして可能になるのか、ということを探究する学問です。安定性が損なわれると病気になります。そういうことを研究するのが病理学と呼ばれる学問です。こころも同じで、安定性が損なわれると、**症状** *symptom* という病理的な形で現れます。

それでは、心的エネルギーはそのあとどうなるのかというと、先ほど少し話しましたが、それにはいくつかのパターンがあります。まず一つ目は、そのまま発散される、というものです。精神分析の考え方では、このようなパターンを、情動とか情緒と呼んでいるわけです。実際に、心的エネルギーの高まりがそのまま放出されている状態を考えてみると分かりやすいです。心的エネルギーの高まりは、心的な**興奮** *excitation* とも表現することができます。感情の抑制が効かなくなっている人を考えてみるとよくわかります。たとえば、認知症の患者さんの中には、些細なことで泣いてしまう方や、怒鳴り散らしてしまう方がいます。そういう状態を、精神医学の言葉で情動失禁と呼びます。失禁というのは、尿とか便をそのまま漏らしてしまうことをいいますが、それと同じように、感情を漏らしてしまうのです。脳の前頭葉の機能の障害が関係しているのですが、前頭葉は理性を働かせて人の動物的な部分を抑える機能を持っていますから、そこが障害されると抑えが効かなくなるのです。なお、この機能は、後で出て来る超自我の話でも出てきます。そういう現象が知られているので、情緒を、心的エネルギーがそのまま発散された結果としてみなすのは、臨床的には説得力のある発想だと思います。

心的エネルギーがどうなるか、その二つ目は、心的装置の内部のどこかに留めておく、というものです。理屈的にはわかると思います。自由に出してやるのか、あるいは留めておくのか、ということです。こころに留めておくことを、フロイトは**拘束**と呼んだのでした（第2講、恒常原理の節を参照）。そしてそれを実行するのが自我だとフロイトは言いました。興奮を単に放出しても良いのだったら、それでは動物のようなもので、自我は必要ありません。自我は、単に放出しないために存在するのです。ですから、自我というのは極めて人間的なものです。

さて、この留められた、あるいは拘束された心的エネルギーというものは、その後相対的に安定した形で、何らかのものに向けられる、とフロイトは考えました。心的エネルギーを何らかのものに向けることを、フロイトは**備給** *cathexis*（英）*Besetzung*（独）と呼びました。拘束された心的エネルギーは何かを備給することに用いられることになるわけです。心的エネルギーは、そういう形で相対的な安定性らしきものを手に入れます。光を放ちながら空中を飛んでいるたくさんの蛍を想像してみてください。たくさんの蛍を摑む作業が拘束だとしたら、それを集めて何か入れ物に入れてランプとして何らかのものに向けて使うこと、それが備給だ、と考えると分かりやすいかもしれません。

備給の量と分布の変遷というものが重要になります。量的にバランスが取れていない変な形の分布にならない方がよいということです。そうでないと問題が起こってしまいます。その一つは、症状形成です。たとえば、抑うつ気分、強迫症状、恐怖症、ヒステリー症状といった症状の形成です。

フロイトのこころのモデル化には局所モデルと構造モデルがある、という話を前にしましたが、これらのこころのモデルは、比較的持続的な安定性をこころがいかに獲得するかということに注目していくことで出来上がったものです。「こころが落ち着いている」という表現がありますが、フロイトにとっては、それはエネルギー的な安定性を意味しているわけです。

たとえば、分かりやすい例ですが、パニック発作というものがあります。これは、こころが全く安定していない状態です。エネルギーが突出した形で放出されると、急速に不安になって、手足が震えたり、ドキドキしたり、酷く汗をかいたりと、そういう状態に陥ってしまいます。

そして、パニック発作のように分かりやすく説明される精神病理だけではなく、広く精神病理というものをエネルギー論的な考え方を用いて体系的に説明しようと、フロイトは試みたのでした。

リビドー

それでは、そもそもこの心的エネルギーというものはどこに由来するのかについて、もう少し考えなければなりません。この問いは精神分析にとってとても大切です。なぜなら、精神分析は、人はなぜある思考をしたり、ある感情をもったり、ある行動をするのか、という**動機** *motive* あるいは**動機付け** *motivation* という観点から人を考えるからです。この思考や感情、あるいは行動はどのような無意識的動機付けによるものなのだろうか、ということを精神分析家はいつも考えているものです。精神分析は基本的に、**無意識的動機付け**のディシプリンなのです。

フロイトは、無意識的動機付けの話をするために**リビドー** *libido* という新しい概念を導入しました。聞いたことのある方も多いかと思います。リビドーとは要するに性欲のことだと思っている方もいるかと思います。全く間違っているわけではなのですが、もう少し複雑な概念です。

リビドーは、性欲そのものというよりも、心的エネルギーの一つの形であって性的な関心がどこかに向かっていくという出来事の背景にあるもの、と表現できます。リビドーは心的エネルギーの一つの形として、量的なものであるという特徴を持ちます。ただ、それよりもリビドーという概念にもっと特徴的なことは、そこに動機付けの意味が込められているということです。すなわちリビドーが原因となって人は性的な対象に向かう、ということです。そこには**快** *pleasure* が絡んでいます。リビドーが発散されるとリビドーは量的には減少することになりますが、それが快の体験と関連している、とフロイトは考えました。一方、リビドーが発散されないと、その結果リビドーは量的には増加して、それが不快の体験と関連している、とフロイトは考えました。

欲動

リビドーと関連する概念に、**欲動** *drive*（英）*Trieb*（独）という概念があります。欲動とはリビドーよりも広い概念で、欲動の一つがリビドーです。リビドーと**性欲動** *sexual drive*（英）*Sexualtrieb*（独）は、ほぼ同じものを指すと思ってさしつかえありません。

この欲動という概念ですが、フロイトは、欲動とは、こころが身体と連結されているという事実のためにこころに課された課題だ、と言っています。人は、純粋な心理的存在として、頭の中だけで生きているわけではありません。そこが極めて大切なところだとこれまでも言いました。こころは身体と連結されているのです。そういう事情で、こころには身体の側から持ち込まれるものがあって、それをこころは扱わないといけない状態に常に置かれている、ということです。

それは逆に言えば、人が身体だけで生きているかというとそういうものでもない、ということです。動物はそれに近いものです。でも人は違います。こころと身体が連結されているために、心理的に何かを求めるということと身体的に何かを求めることが連結されているのです。たとえば、男性が女性に惹かれて、あるいは男性に惹かれて、親密になりたいと思うということ、それは、自分が相手に惹かれているということが直接的に体験されている状態であって、「自分は果たして惹かれているのだろうか、それはどういう点になのだろうか、惹かれているのではなくて何かほかの可能性はあるんだろうか」などと思考を重ねて、その結果「自分は惹かれているんだ」ということが理解されていく、というものではないと思います。誰かが好きだということは、もっと直接的に、手で触れるように感じられるものであって、思考の結果理解されるようなものではないでしょう。惹かれているということが先で、説明や理解はそのあとについて来るものです。

対象に自分の気持ちが向かっていくということは、身体的次元にその基盤があって、それがこころに作用して、同時にこころが動かされているということです。ですから、たとえば、「自分はこの人が好きだ」という心理的現象は身体的次元を持っていて、両者は切り離せないものだ、ということです。

欲動は、人の気持ちを「自分はこの人が好きだ」という方にもっていく、あるいはこころを駆り立てるもののことです。「○○を駆り立てる」というのは、英語では“drive ○○”と表現します。英語の drive はドイツ語では treiben になります。英語の drive はそのまま名詞としても用いられますが、ドイツ語の treiben の名詞形は Trieb になります。

driveもTriebも日本語では欲動と訳されていますが、いっそのこと「駆り立て」とか「駆動」と訳してしまった方が意味が伝わりやすいかもしれません。そして、この「駆り立て」もエネルギーを使うので、それを供給しているのがリビドーだということです。

実は、「自分はこの人が好きだ」という心理的現象を、欲動論におけるように、駆り立てられてそうなっている、と理解するという考え方は、唯一の考え方ではありません。駆り立てられてそうなっているのではなく、理由があってそうなっている、という考え方もあるのです。すなわち、「自分はこの人が好きだ、なぜなら優しいから」とか、「自分はこの人が好きだ、なぜならかっこいいから」というものです。ただ、そういう考え方では、人間の複雑さが十分に説明できないように思います。理由の観点から人間の心理的現象を考えるのは、あまりにも心理的次元を優先している考えであるように思われるからです。人間には心理的次元と同時に、心理的次元を支えているもっと基本的な次元、具体的には身体的次元があります。こころだけで生きているのではない存在としての人間をより上手く説明することができるのは、欲動論のような考え方の優れている点だと思います。

さて、人を駆り立てるものとしての欲動が性的なものであることを当たり前のように話してきましたが、人を駆り立てるものはそれ以外にも考えられます。フロイトはのちに、**死の欲動** *death drive*（英）*Todestrieb*（独）というものを考えました。本能的な破壊衝動のようなものです。一方、性的な欲動の方は、**性欲動** *sexual drive*（英）*Sexualtrieb*（独）と呼びます。性欲動は**エロス** *Eros*、死の欲動は**タナトス** *Thanatos* とも呼ばれています。

欲動には二つの基本的なものがある、とする考え方を**欲動二元論** *dual drive theory* と言います。性欲動と死の欲動を想定するという考え方はフロイトが最終的にたどり着いた欲動二元論でしたが、実はフロイトは当初は別の欲動二元論を考えていました。それはどういうことかというと、性欲動は最初から考えていたのですが、もう一つの欲動として、フロイトは死の欲動の代わりに、当初は**自己保存欲動** *self-preservation drive* というものを考えていました。この自己保存欲動は、自分を大切にするような欲動ですから、死の欲動と比べると性欲動とはっきり対立するものではないので、二元論としては今一つという感じがします。死の欲動を組み込んだ欲動二元論は、理論的には多くの人を魅了してきました。特に文学や哲学などの研究者の方は大変興味を持っているようです。ただ、死の欲動は臨床概念としては今一つで、臨床家の中での評価は実はそれほど高くありません。死の欲動についてはあとの回でもっと詳しく説明します。

本能

欲動についていろいろ話しましたが、このように説明すると、「欲動は本能ということですね。単に性本能のことを言っているのですね」と思うかもしれません。その理解は間違いとまでは言えないのですが、そのように考えてしまうとフロイトが本来意図していたことを十分に把握しているとは言えないので、少し補足しておきましょう。

欲動と**本能** *instinct*（英）*Instinkt*（独）は少し違います。残念なのは、フロイトの標準の英訳と言われているストレイチー版では、Trieb というドイツ語を instinct と訳してしまっていることです。Trieb は treiben というドイツ語の動詞の名詞形で、あくまでも英語で言えば drive する、すなわち、駆動するという意味でした。ですから、欲動は、動物の本能を、人間向けにもっと拡張したような概念です。欲動は、こころの身体接続性のために人のこころに課せられた仕事だ、とフロイトは言いました。欲動は、その一部は本能と重なるのですが、動物では見られることのない、何かに人を駆り立て、向かわせるもの、それが欲動です。ですから、欲動は本能とはぴったりと一致しないのです。性的関心が異性に向かうことは、動物と同じように人間にも当たり前に起こることですが、欲動はそれだけではありません。性の領域を取り上げてみても、人と動物とでは違います。動物と違って、人は異性の性器以外の部分に強い関心が向いたり、同性に向かったり、はるかに多様です。人はさらに、性愛以外のことにも、性愛における場合と同じように情熱を傾けたりします。フロイトは、それは人の欲動が動物の性本能よりも広いものだからだ、と考えました。勉強でも趣味でも仕事でも、まるで性愛対象に向かうように熱中する、ということはあるのではないでしょうか。このように、欲動は、本能よりも幅広い概念です。

精神分析を教えているとしばしば遭遇する反応のひとつに、「フロイトが性にあまりにもこだわっているのが受け入れがたい」というものがあります。それは分かるものではあります。でも、フロイトは確かに性にこだわってはいるのですが、それは性を通常考えられているよりもかなり拡張した意味においてです。

神経症と防衛

「防衛精神神経症」という重要な論文を紹介しましょう。フロイトがこの論文を発表したのは一八九四年のことでしたが、その中で、先ほど説明したようなエネルギー論的な観点を持ってさまざまな病気を説明するということを試みています。『ヒステリー研究』が発表されたのは一八九五年ですから、『ヒステリー研究』の完成の前に発表された論文なのですが、『ヒステリー研究』の執筆と並行して、さまざまな神経症の病理についての理論的考察をまとめて書き留めた論文です。フロイトがヒステリーの患者をたくさん診ていく中で蓄積されていった考えがどのようなものだったのかを教えてくれる論文と言えます。

なお、この論文のドイツ語の原題は、"Die Abwehr Neuro-Psychosen" です。Neuro-Psychosen と複数形になっています。英語でも、"The neuro-psychoses of defence"で、やはりneuro-psychosesと複数形になっています。複数の病理的メカニズムを論じる論文だからです。

それでは、Neuro-Psychosenあるいはneuro-psychosesというのは何なのかということになります。精神的な病を分類する方法はいろいろあるのですが、その当時よく用いられていた分類法に、精神的な病をNeurose（独）とPsychose（独）に大別するというのがありました。今の分類法はこれよりもっと複雑になっていますが、今でもこの昔の分類法はある程度有効です。それだけ重要な分類法です。

さて、Neuroseはそのまま読むとノイローゼとなります。日本語では神経症と言います。一方のPsychoseは精神病と訳されます。神経症では現実とそうではないものの区別が維持されていますが、精神病ではこの区別が破壊されています。われわれはこころの中で空想していることや夢の中のことが、現実とは違うということを知っています。それは、現実とそうではないものの区別が維持されているからです。このように区別する機能のことを**現実検討** *reality testing* と言います。この現実検討が維持されているのが神経症で、維持されていないのが精神病です。神経症の患者さんの話は、「分かる」という感じがあるのですが、精神病の患者さんの話は「分からない」感じがするものです。なぜなら、われわれは現実と現実ではないものの区別を前提にして生きているわけですが、精神病の患者さんはそういう前提なしの世界について話しているからです。神経症には、ヒステリー、恐怖症、そして強迫神経症（強迫症）など、多くの精神疾患が分類されます。精神病の代表は統合失調症です。

この中でフロイトは、代表的な神経症であるヒステリー、恐怖症、そして強迫神経症のメカニズムを理解することを試みています。ヒステリーというのは、前回話したように、身体領域にエネルギーが振り向けられてしまうことで、運動や知覚の麻痺が起こったりする状態です。痛みも知覚の異常ですから、たとえば腰に身体的な異常が見つからない腰痛などもヒステリーと呼んでもよいのかもしれませんが、こちらは、現在では身体症状症というものの中の疼痛が主症状のものとして分類されています。

恐怖症についてですが、恐怖と不安の違いについてまず説明します。不安とは、対象がはっきりしない漠然としたものです。一方、恐怖は対象がはっきりしています。たとえば、蛇恐怖、ゴキブリ恐怖、馬恐怖、などです。

強迫神経症というのは、強迫観念と強迫行為を症状とする神経症です。強迫観念とは、「こんなこと考えても仕方ない」と思っているにも関わらず、繰り返し頭の中にそのような考えが浮かんでしまうような観念のことです。たとえば、手が細菌で汚染されているイメージなどです。手には細菌が多少なりとも付いているものだし、だからといって不衛生で病気になるということはない、と頭では分かっていても、そのイメージが繰り返し浮かんでしまうようなものです。それが行為の領域にまで及ぶと、強迫行為になります。シェークスピアの有名な悲劇作品『マクベス』の中でマクベス夫人が手を執拗に洗う仕草をするシーンがありますが、あれは強迫行為です。考え、観念の領域にとどまらないで、運動、行為の領域に移ったものです。

ヒステリーにおける症状形成

ヒステリーにおいては、精神領域から身体領域に興奮あるいは心的エネルギーの高まりが振り向けられてしまっている、とフロイトは言います。こういう大きな振り向けをすると、本当は身体領域には問題がないのに身体の具合が悪くなってしまったりします。そういう形で症状形成してしまうのですが、そういう犠牲を払うことで、相対的な安定が得られているわけです。エネルギーの落とし所ができるからです。そしてブロイアーは、カタルシス法というものを用いて、この流れを遡行すること、それが自分たちが行ったことだ、と考えました。精神領域から身体領域に心的エネルギーが流れてきて症状が形成されているのであれば、身体領域から精神領域に流れを戻してやれば症状が消えるはずだ、ということです。

実際、話すことでヒステリー性の症状が消えることが臨床的にしばしば経験されるところです。たとえば、医学的には何も見つからないのに、慢性の痛みを抱えて苦しんでいる人がときどきいます。そういう人がこころの奥に怒りを抱えていることがしばしばあります。そこで怒りを言葉にしてもらうと痛みが減ったりするわけです。

それほど頻度は高くないのですが、足など、体の一部が急に動かなくなったのだけれども身体科の先生にどこも悪くないと言われた、と訴えて精神科の外来に来る患者さんがたまにいます。「本当に精神的な問題が原因なんだろうか、どうなんだろう」と疑問に思ったり、さらには「ひょっとして詐病かもしれない」などと疑ったりすることもあるのですが、そのうちに内に秘めていた怒りについて話し出したりします。そして話したことで実際に治ったりすることがあります。そういうときには、教科書に書いてある症例のようだな、と思ったりします。もちろん、いつもうまく行くわけではないのですが、たまにそういうことがあります。

強迫神経症における症状形成

次は強迫神経症です。ヒステリーにおけるように精神領域から身体領域に心的エネルギーを振り向けるというメカニズムは、誰もが無意識的に選ぶようなメカニズムではありません。ほかのメカニズムが選ばれることがあって、その代表が強迫神経症のメカニズムです。強迫神経症は、強迫観念 obsession と強迫行為 compulsion で特徴づけられる神経症です。強迫神経症においては、興奮あるいは心的エネルギーの高まりの振り向けというものが、精神領域から身体領域に向けて行われているのではない、とフロイトは言いました。そうではなくて、一つの**考え** *idea* から別の考えに振り向けられている、と言うのです。ここでの「考え」は、もう少し固く、「観念」と言ってもよいでしょう。

実は、ストレイチー版の英訳では idea となっているので考えあるいは観念と訳しましたが、フロイトのドイツ語の原文では Vorstellung になっています。Vorstellung という言葉は、vor 前に stellen 置く、と分解することができて、通常「表象」と訳されます。Vorstellung の英語訳は通常 representation で、こちらも「表象」と訳されます。ですから、なおさら、日本語でも表象とした方がよいのかもしれません。ここでは、こころの中で目の前に思い描くようなもののこととして考えあるいは観念という言葉を使っていきます。

一つの考えから別の考えに心的エネルギーが振り向けられてしまうのは、最初の考えが、自分にとっては受け入れ難い考えだからだ、とフロイトは論じます。なので、もう少し受け入れやすい考えに心的エネルギーを振り向けるのです。その結果、もう少し受け入れやすい考えの方に情緒が伴うようになったり、そのような考えに集中するようになったりする、ということです。心的エネルギーが何かに向けられるということを表す**備給**という言葉があったことも思い出してください。すなわち、今述べたようなことは、受け入れ難い考えから受け入れやすい考えに備給を移す、と表現することができます。備給が移ることによって、ある考えが情緒を伴うようになったり、重要性を持ったりすることになります。ただし、その考えの情緒や重要性は、もともとは別の考えに伴っていたものですから、当人はなぜその考えがこれだけ気になるものになっているのか分からない、ということが起きます。強迫観念になったのです。自分にとって受け入れ難い考えというのは、たとえば、「自分はこういう人間だ」と普段思っているような自分のイメージとはとても相容れないような考えのことです。そしてそういうものは性的であることが多い、とフロイトは考えたのでした。

良くないと感じる性的な考えが、主たる自分のイメージというものと両立しなくなってしまいます。すると、その性的な考えに備給したままではいられなくなるわけです。そういう考えに集中していると、こころの安定性を欠いてしまうのです。そこで、他の考えに備給を移してやる必要が出てくるわけです。考えとその考えのもたらす情緒、たとえば性的な考えとそれを持っていることへの嫌悪感という情緒ですが、このペアが良くないので、両者のペアリングを外してやります。すると、一見問題はなくなります。

自分にとって全然受け入れられない考えに情緒が伴っていると、生きづらくなってしまいます。たとえば、自分は近親姦願望の持ち主だという考えを持ちながら生きていくことは大変なことです。罪悪感をもたらすからです。ですから罪悪感を自分のイメージから外してやります。あるいは、自分は殺人願望を持っているという考えを持ちながら生きていくのもしんどいので、この場合もその罪悪感を自分のイメージから外してやります。すると、前よりは楽になるのですが、今度は、近親姦願望や殺人願望という考えから外された罪悪感という情緒は精神領域に浮いたままになってしまいますから不安定になります。だから今度はそれを他の考えにくっつけるわけです。より無害な考えに情緒を付着させて、すなわち、より無害な考えを備給して、別の繋がり、結合を形成するわけです。ただしその時にも、当初の考えというのは、情緒をもはや伴っていなかったり、注意を惹かない形にはなっていますが、依然としてこころの中に保持されているので、情緒を伴わない考えに成り下がってはいますが、思い出そうとすればすぐに思い出せる状態にあります。

もともとの考えから切り離されたエネルギーあるいは情緒と結合した別の考え、それが強迫観念を形成するに至ります。たとえば自分は殺人者であるという考え、先ほど挙げたマクベス夫人の場合であれば、自分は殺人鬼であるという考え、そういう考えがあったわけです。それが耐え難いので、自分のイメージではなく、手に罪悪感すなわち「汚れ」を付着させて、手が汚れている、いくら洗っても手から血が取れないのだ、という強迫観念を持つに至ります。強迫神経症の患者さんの中には、手に細菌がついていると気になって仕方がないという方がいます。そういう方の強迫観念は、自分にとって受け入れがたい考え、たとえばマスターベーションをしている自分、という考えと関係していたりします。しかし、今や「性的な自分の手」という考えから、「細菌のついた手」という考えに備給が移ってしまっていますから、「自分は手に細菌がついて汚いのが気になっているのであって、自分が性的な観念に支配されているのが罪深いと感じているわけでない」と主観的には体験されることになります。そういう形である種の決着を見ることになります。

そして、強迫観念が強すぎると、実際に行為してみなければ気が済まなくなってしまいます。それが強迫行為です。手が汚れているという強迫観念に取りつかれているだけではなくて、実際に手を洗わなければならなくなってしまうのです。

強迫神経症とは、そういった形での症状形成という代償を払う決着の仕方なのです。強迫神経症の精神分析的治療においては、以上のようなメカニズムへの洞察に患者さんが達するように助けます。そうすることで、患者さんの症状をその発生に遡って取り除きます。

もともとの考えが「そもそもなかった」、マクベス夫人の場合で言えば「殺人はそもそもなかった」となると、それは現実とは違いますから、精神病的な病理であることになります。あるいは単に、本当に忘れてしまっているのだとしたらそれは認知の問題になるでしょう。強迫的な症状形成というのは、認知の問題があるわけでもない人が、精神病的にならずに、受け入れがたい現実とそれにまつわる情緒を何とか処理しようとする病理的な方法であると言えるでしょう。精神分析はその病理の根本に目を向けてその治療を試みます。

ヒステリーや強迫神経症の話を通してもうお分かりだと思いますが、精神分析の世界では、人間の活動には好ましさのランキングのようなものがあって、思考や観念の方が運動や行為よりも好ましいものとされています。たとえば、泣くことは、ある種の運動を伴います。顔の筋肉の運動です。でも、「ではなぜ運動の方が下なのですか、なぜ行動しては駄目なんですか」と言われると実は少々困ってしまいます。精神医学では、こころの中の辛さそれ自体を見つめたり、感じたりする代わりに、行動を通して、特に衝動的な行動を通してそれを解消しようとする動きのことを**行動化** *acting out* と呼んでいます。患者さんは大体そういうことは慎むようにと言われるのですが、「では一体なぜ行動してはいけないんですか」という問いに答えるには、少し立ち止まって考えてみなければなりません。

思考と行為

難しい問いですが、あえて答えるならば、それは多分われわれが人間だから、ということになるのでしょう。あるいは、そういうところが人間と動物を区別している、と言ってもよいのかもしれません。すなわち、思考や観念の存在が人を人たらしめているものと言えるでしょう。動物は、思考と行動の間で引き裂かれるようなことはないのです。お腹が空いたけれども我慢するというのは、人間的なことです。動物は、お腹が空いている状態で目の前に食べ物があれば、すぐに食べるでしょう。一部の動物は少し違います。食べ物を溜めたりします。しかし、溜めるといっても、考え続けた結果辿り着いた判断に基づいて溜める、というのとは違うでしょう。溜める気持ちと消費してしまいたい気持ちの狭間で悩みつつ溜めたり、溜めていない同類に羨望や怒りの気持ちを向けながら溜めたり、ということは動物の場合にはないものです。だからといって動物の方がレベルが低いとか価値が低いとは一概には言えないところではあります。しかし、人間は、考えることを重視し、行動をするときでも思考との連携を保とうとします。それが人間を特徴づけています。

精神分析は、この思考と行動の連携に着目しつつ、さまざまな問題を、人間らしい領域、すなわち思考の領域に近づけようとする営みであると言えるでしょう。

第4講　フロイト理論の展開

こころの区分

前回話したヒステリーの患者、たとえばアンナ・Oは、強烈なヒステリー症状があったわけです。失語があったり、麻痺があったり、幻覚があったり、多彩な症状がありました。それについてのブロイアーの説明を振り返ってみましょう。それは、正常状態と「第二状態」とよばれる多彩な症状を示す夢遊病様状態というものの交代によって説明されるというものでした。ちなみに、『ヒステリー研究』に出てくる患者たちは、皆、なかなか重篤です。今であれば、『ヒステリー研究』に出てくるような患者の多くは入院治療の対象になるかもしれません。フロイトもブロイアーも、そういう意味で勇敢な人たちだったと思います。

正常状態と「第二状態」という非常に病的な状態というものが交代するのがヒステリーで、その病的な状態が、何かを話させることで治るということでした。シャルコーは、患者に睡眠をかけて症状を出現させたり、消したりすることができましたが、ブロイアーは、その基盤には、半分眠っているような状態があって、それを類催眠状態と呼びました。

そのような夢うつつの状態に陥りやすい人がいて、それが基盤にあって正常状態から「第二状態」に移行したりする、ということでした。夢と現実の中間のような状態があり、そういうものを経由して移行する、というのがブロイアーの説明でした。こころの中に、どちらに向かうべきなのかはっきりと標識がかかっていないような危険な分岐路があるようなものです。そういう素因を持った人はヒステリーになりやすい、ということです。

ところで、フロイトの同時代人に、ピエール・ジャネ Pierre Janet（1859-1947）という人がいました。この人は**意識の解離** *dissociation of consciousness* というものを考えたことで有名な人ですが、これはフロイトがブロイアーと協力しながら考案した**意識のスプリッティング** *splitting of consciousness* というものに非常に近いものです。ジャネは、外傷体験のある人がこの意識の解離というものを起こしやすく、そしてそういう人がヒステリーになりやすい、と論じました。ヒステリーの基盤としての意識の解離、その原因としての外傷、という考え方です。

ブロイアーやジャネの考え方の根底にあるのは、脳の、ある種の素因や脆弱性というものがあって、それが基盤となって、意識の変容や解離というものが受動的にもたらされる、というものです。脳が、自ら能動的に行うものではない、というのです。

一方、フロイトの考えた防衛というものは、ブロイアーやジャネの考えたような、受動的なプロセスではありません。そこが決定的に違います。

実は、ブロイアーやジャネの発想は今日の精神分析の中でリバイバルされています。最新の脳の生物学的研究の中には、ブロイアーやジャネの発想の正しさを支持するものがあるのです。人間の意識は多重性を持っているらしい、ということが、脳科学の研究でも最近示されてきています。

こころと防衛

しかし、フロイトはブロイアーやジャネが向かった方向には行きませんでした。フロイトは、生まれつきの素因やその後の環境のために脳がそのような脆弱性を持つに至っている人がいて、そういう人がヒステリーになる、という説明だけでは不十分だと考えました。フロイトは、もっと能動的なプロセスとしてこころの病理を説明したかったのです。

そこでフロイトは、こころが区分されるのは、脳の全般的な素因や、脳に後から刻み込まれた外傷体験のためだけではなく、もっと特異的な力によるものだ、と考えたわけです。そしてそのような特異的な力にもとづくメカニズムのことをフロイトは**防衛** *defense* と呼びました。

「心理学草稿」では、$Q\acute{\eta}$という量、すなわちのちに心的エネルギーというものとして概念化されるものが存在し、それが拘束されたり、備給されたりする、ということが論じられていました。しかし、それでは一般的な話に留まっています。それでは個別性が低過ぎるために、個々の病理を説明することができません。

そこでフロイトは、こころに心的エネルギーをめぐる区分のようなものを持ち込もうとしました。それでは一体どのように区分するのか、という問いが残ります。こころの病理のモデルを作るためには、こころがあまりに複雑に区分されていては不便です。複雑すぎず、単純すぎないこころのモデルが必要です。

フロイトは、防衛というものによって、こころは心的エネルギーの不均衡を辛うじて何とか安定した形に収めようとする、と考えました。その時の防衛の種類や心的エネルギーの収め方によってさまざまな病理のあり方がある、と考えたのです。

一番分かりやすいのは、抑圧という防衛を考えて、それによってこころを二つに区分するような考え方です。抑圧している側と抑圧されている側というものを考えて、両者の対立あるいは**葛藤** *conflict* が症状形成につながっている、と考えると、こころの病理をより図式的に把握しやすくなります。

今、受け入れがたい考えや記憶をこころがどうにか処理しなければならないとしましょう。これらを抑圧によってこころの主たる部分から追い出すことによって、なんとか処理することができそうです。こころの主たる部分を意識的世界と考えるならば、抑圧によって意識的世界から追い出されたものは、無意識的世界にとどまる、と考えることができるでしょう。このようにして抑圧された受け入れがたい考えや記憶は、無意識的世界における考えや記憶の残り滓のようなものになります。フロイトはそれらを、それぞれ**無意識的観念** *unconscious ideas* および**無意識的記憶痕跡** *unconscious memory-traces*（図2）と呼びました。

このような考え方によれば、アンナ・Oの症例のところで説明した正常状態と「第二状態」の交代というものは、抑圧によって生じたこころの二つの領域の間の葛藤の表現として考えることができます。区分のメカニズムとしての抑圧というものが浮かび上がって来ると、それを解除してやる

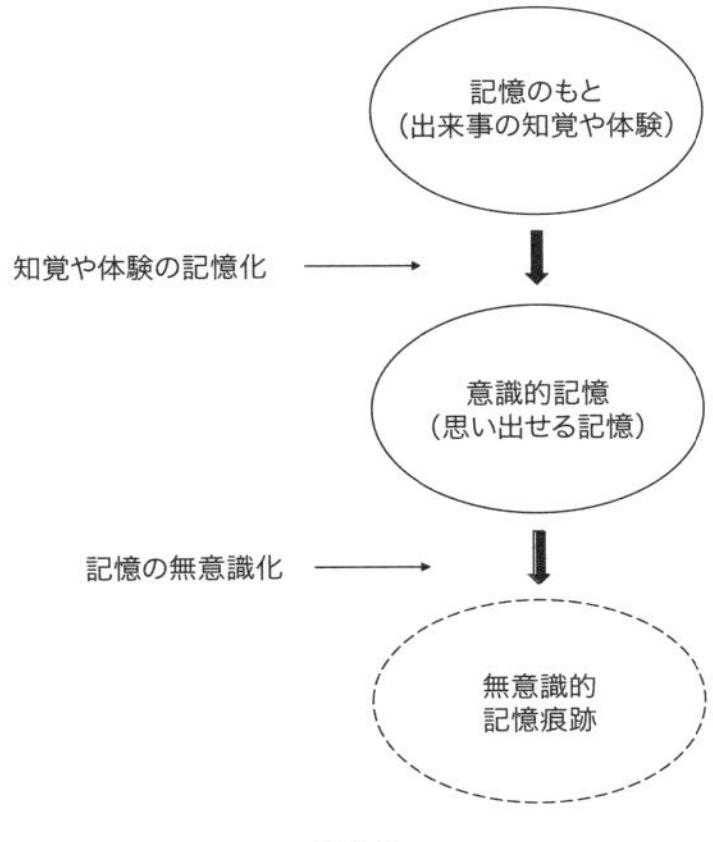

図2

にはどうしたら良いのか、という問題も出て来ます。実際、フロイトの技法論はこの問題を扱っていくことになりました。

心的決定論、無意識的記憶痕跡

フロイトは素朴な外傷論によらない病理の説明を目指していました。ブロイアーやジャネのモデルだと、素因の上に外傷が加わることがこころの病理の本質であることになってしまいますが、フロイトはそれでは単純過ぎると考えました。フロイトは、外傷ではなく、人間の内部に備わっている何かが能動的な役割を果たすことによって病理が発生するという病理モデルを作ろうとしていたのです。

フロイトの基本的な発想は、外傷を含めた経験、抽象化して広く言い換えれば**環境** *environment* が人のあり方を決定するという**環境決定論** *environmental determinism* ではなく、こころのあり方が人のあり方を決定するという**心的決定論** *psychic determinism* です。ここをよく理解しておくことが重要です。

前に、情緒、興奮というものは**量**を持っているものとして精神分析では捉えられているという話をしました。量が増えたり減ったり、発散されたりす

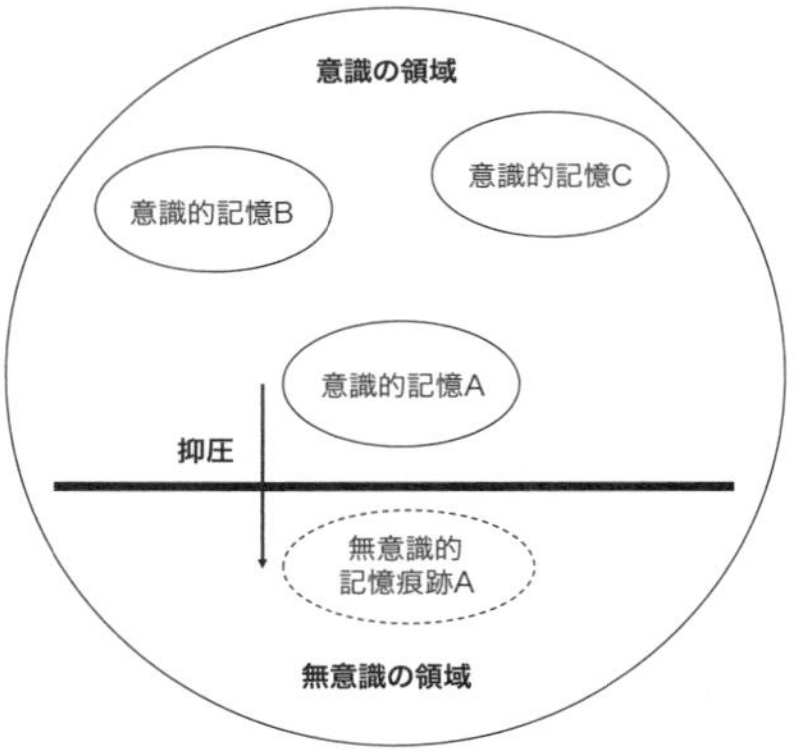

図3

るのでした。外から刺激があれば増えますし、内部からのエネルギーが注がれても増えます。発散すれば減ります。発散の重要なルートの一つは情緒で、たとえば泣いたりすれば減ります。

ある記憶の抑圧とは、その記憶に付着している情緒や興奮のせいでこころが安定性を失いそうになるときに、それを無意識の世界の中に抑え込んでしまうメカニズムです（図3）。ただ、抑え込んでしまうだけではなかなか問題は解決しません。単に抑え込むだけでは、ちょっとしたことがきっかけでこころのバランスが崩れてしまいます。ですから、こころの安定性を保つには、抑圧だけではなく、他のメカニズムも必要になることがしばしばあります。たとえば身体領域に振り替えるという方法があります（図4）。ヒステリーは、抑圧と身体化のメカニズムの両方を用いる病理です。[注2] そして、ヒステリーのプロセスの全体を通して、心的エネルギーの量は一定に保たれています。情緒や興奮は、心的エネルギーの表現なのですが、それらを静電気のようなものとして考えると分かりやすいと思います。そのようなものとして、情緒や興奮はさまざまなものに付着することができるのです。そのような付着のことを備給というのでした。意識できるイ

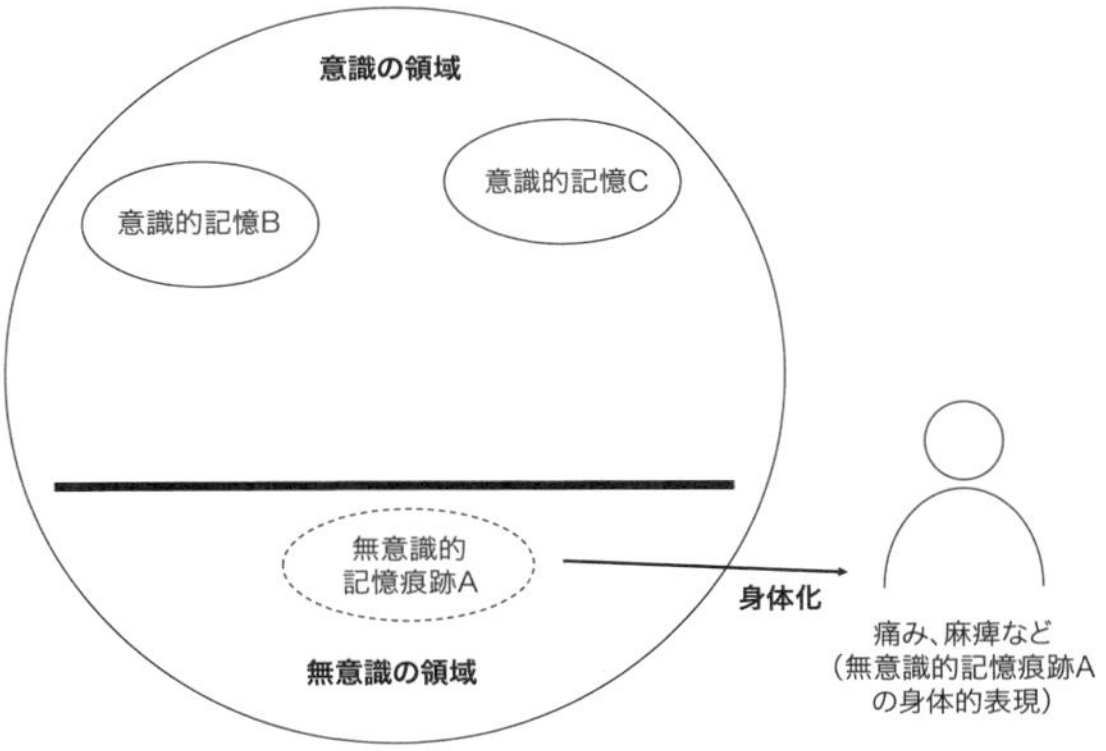

図4

（注2）通常ヒステリー特有の防衛機制として挙げられる転換は、抑圧の部分と身体化の部分の両方からなっていると考えることができる。

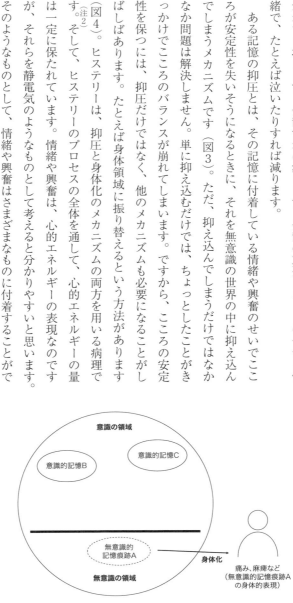

メージや記憶に付着したり、あるいは意識できないイメージや記憶に付着したり、広い付着先があることをフロイトは論じています。意識できない記憶は、無意識的記憶痕跡としてこころに残り続けます。「無意識的」の部分を省略して、単に記憶痕跡と呼んだりもします。意識的記憶にならないけれども、脳の中に刻みこまれているもののことです。この無意識的記憶痕跡がさまざまな病理の元となります。

無意識を知る方法

フロイトは、こころの病の源は無意識的世界にある、と考えました。そして、無意識的世界を知り、働きかけることでこころの病を治療できると言ったわけです。しかし、よく考えてみると、無意識とは意識できないものだから無意識なのであって、いわば、定義上知ることのできないものですから、それを知って、さらにそこに働きかけるということは普通に考えれば不可能です。でもその不可能を可能にしようとするのが精神分析の方法です。

無意識を知り、さらにそこに働きかけることが一体どのようにして可能になるのでしょうか。その一つの方法は、症状から入っていくことです。すなわち、症状形成のプロセスを知ることを通して、無意識の世界を知るということです。なぜならば、症状形成の一つの説明は、無意識の世界において衝動や願望とそれに対する防衛形成がうまく行っていないために、無意識の世界が歪んだままになってしまい、それが症状という形で外に出てくる、というものだからです。したがって、症状形成のプロセスを知ることで、何かまずいことが無意識の世界で起こっているということを推測することができます。パニック発作の症状やヒステリー症状は、症状であるだけでなく、その症状形成のプロセスを通してこころの奥深いところを見せてくれるものでもあるのです。

無意識の世界における衝動や願望を防衛しているものだけが目立つ場合もあります。たとえば、過度に良心的であったり、形式的な拘りが強すぎるようなパーソナリティがあります。そのようなパーソナリティを強迫性パーソナリティと呼びますが、強迫性パーソナリティの方は、衝動や願望に対する防衛が目立ちます。そして衝動や願望がすっかり防衛されてしまっているので、こころの奥底が見えにくくなっていたりします。もっとも、それでもこのパーソナリティのあり方の奥には何かあるのではないか、と、今度は防衛の方から入って行って、無意識的世界のことを探索しようとすることもできます。

無意識を知る手がかりとして、**失錯行為** *parapraxis* というものもあります。たとえば、フロイトの例に、「われわれの上司のご健康を祈って乾杯しましょう（anzustoßen（独））」と言おうと思っていたのに、「われわれの上司のご健康を祈ってげっぷしましょう（aufzustoßen（独））」と言ってしまった、というものがあります（Freud, 1915–1917, p. 32）。何かのお祝いの会で乾杯の音頭を取るわけですけれども、上司への隠された陰性の感情があって、それが乾杯をげっぷにしてしまった、というわけです。あとは、重要な人の名前を忘れる、ということもあります。そういうものを失錯行為と言います。

先ほどの例の中の、乾杯する（anstoßen（独）：anzostoßen はその zu 不定詞（英語の to 不定詞））とげっぷ（aufstoßen（独）：aufzustoßen はその zu 不定詞）は響きが似ているので、それでつられて言い間違えたのではないか、という異論がありますが、それをフロイトは論駁しています。単なる言い間違えではなくて、無意識的な何かが混入してしまうことで起こった言い間違えなのだ、というのです。

無意識を知る手がかりとして、さらに、**転移** *transference* というものがあります。これは、こころの内部のこと、多くの場合過去にまつわることが、分析家に対して移されて、すなわち転移されて、リアルに今ここで起こっているかのように感じられる、というものです。

ある男性患者は、私の健康状態に非常に敏感でした。私が少しでも疲れているように見えると、それを指摘し、私が大丈夫かを私に尋ねました。そのようなとき、実際に自分が疲れていると私にも感じられるときもありましたが、全く疲れていないときもありました。その患者が子どものころ、彼の母親はある慢性疾患のために苦しんでいました。彼の父親は仕事のことばかり考えており、妻である患者の母親の苦しみを見て見ないふりをしていました。そのような状況の中で、患者は家族の中で、母親の体調の気遣い係となっていました。そのような彼の母親のイメージは分析家に転移されて、彼は今や私の体調気遣い係になっていました。

フロイトは、転移は基本的に患者の過去における重要な対象に対する情緒が治療者に向けられることだと考えていましたが、現代ではその意味はフロイトの時代よりも拡張されています。過去の情緒ではなく、内的な世界における現在の情緒が現実の世界において実際に展開する場合も、これを転移と呼びます。

そのような転移が、さらに治療者からの何らかの実際の反応を引き出してしまうこともあります。たとえば、自分は嫌われるとつねづね思っている人は、往々にして、実際に嫌われたりするものです。そういう人が患者として来ると、治療の経過の中で治療者の側に実際に患者に対する嫌悪感が生じたりします。

このような事態を、内的世界が現実になっている、という意味で、**現実化** *realization* と特別な言い方をする場合があります。現実化は、転移とそれが引き起こす一連の事態を指す概念だと言えるでしょう。

転移という形で現実的な分析家との関係の中に無意識的な関係のあり方が再現されることを通して、患者の無意識を知ることができるわけです。

ある女性患者は、セラピーが始まってしばらくすると、私を、偉そうに振る舞う権威主義的な人物としてみるようになりました。そして、最初に私のオフィスに来たとき、椅子に深々と腰かけている私を見てからずっとそう思っていた、と言いました。私は彼女が最初のときに来た時のことを思い出しました。私はその日は別の用事で身体的に疲れていて、いつもよりも椅子に深々と腰かけていたことを思い出しました。

このことから、この患者のこころのどこかに、偉そうに振る舞う権威主義的な人物というものが存在するのではないか、という仮説を立てることができます。転移を通して患者の無意識を知ることができる、というのはそういう意味です。

無意識を知るための重要な方法として、他に、夢の分析、そして自由連想法があります。自由連想法は、実はどんどん押し進めていくと、夢分析の代わりになる可能性があります。カウチに横になってもらって、自由に話してもらうと、夢の中の話のように、筋が通っていない話に近づいていきます。そういう思考を、一次過程思考と言うのでした。ですから、熟練した分析家であれば究極的には夢分析は要らないはずだ、自由に紡ぎだされる連想を丹念に辿っていけば、それで無意識的世界を十分に把握することができるはずだ、という考え方すらあります。

夢の分析

『夢解釈』

『夢解釈』という本があります。フロイトが一九〇〇年に書いた本で、ドイツ語の原題は"Die Traumdeutung"です。英語ですと、"The Interpretation of Dreams"です。『夢判断』とも訳されています。フロイトはドイツ語で読めればそれに越したことはないのですが、それが難しければ、ストレイチー版の英語で読むのがいいと思います。日本語訳は上手に訳されているのですが、やはりドイツ語を英語にするよりもドイツ語を日本語にする方が難しいので、ドイツ語の原文に含まれているニュアンスが英訳以上に日本語訳では残念ながら消えてしまっているように思います。

『夢解釈』の中で、フロイトはいろいろな夢の理論をレビューしています。その一つは、夢を神からのお告げであり、未来予知の機能を持つものとして考えるものです。ファラオの夢という話が聖書の中にあって、大変興味深いので紹介します。

ヨセフという人物は、エジプトで奴隷時代に素晴らしい夢解釈をしたことでファラオに引き立てられたのですが、その夢は次のようなものでした。

「二年の後、ファラオは夢を見た。ナイル川のほとりに立っていると、突然、つややかな、よく肥えた七頭の雌牛が川から上がってきて、葦辺で草を食べ始めた。すると、その後から、今度は醜い、やせ細った七頭の雌牛が川から上がってきて、岸辺にいる雌牛のそばに立った。そして、醜い、やせ細った雌牛が、つややかな、よく肥えた七頭の雌牛を食い尽くした。ファラオは、そこで目が覚めた。」（創世記、聖書 新共同訳―旧約聖書、一九八七、一九八八）

この夢の解釈は、七年の豊作の後に、七年の飢饉が訪れる、というもので、だから気を付けて食物を蓄えておくことが重要です、とヨセフはファラオに助言しました。ファラオはヨセフの言う通りに食物を蓄えてみました。すると実際に飢饉が来たのですが、蓄えていた食物のおかげで助かった、という逸話があります。夢が未来を予知していたわけです。今の精神分析の知恵を持って考えると、ファラオは未来予知をしたのではなくて、良くないことが起こりそうだと無意識的に感じていて、それが夢の中に現れてきたのかもしれません。そのように考えることもできるかもしれません。

夢の刺激源

フロイトは、夢の意味に到達するためには、夢がどのようにして出来上がるのかを理解することが必要だと考えました。そこで、フロイトは、夢の元になる刺激源について、それまでの夢に関するさまざまな議論を参考にしながら、いろいろと考えてみました。それで、どうやら夢の刺激源はいくつかに分類されると考えました。

一つは外的な感覚刺激です。たとえば、塩辛いものをたくさん食べて寝たとき、寝ている間に喉が渇いて水をガブ飲みしている夢を見る、というようなものです。もう一つは内的な身体的刺激です。たとえば、寝ている間に尿が溜まって尿意が高まっている時に、トイレに行ってすごい勢いで放尿をしている夢を見る、というようなものです。尿が溜まることによる膀胱への刺激が元になっています。

あるいは、**日中残滓** *day residue* の現れとしての夢、という考え方もあります。これも大切です。日中残滓というのは、文字通り、日中の残り滓で、たとえば、旅行に出かけたことの記憶という残り滓、ということです。そういうものが刺激になって、その晩にはその日の旅の夢を見るということがあります。

これだけでもだいぶ説明できた感じもするかもしれません。でも、こういう感覚刺激や身体的刺激、日中残滓というものだけでは、フロイトは夢理論としてはもの足りないと考えました。もっと、純粋に心的な夢の説明はできないものかと考えたのです。なぜなら、これらの刺激によって夢が出来上がるという考え方は、夢を本質的に人間の外部から到来するとする考え方だからです。外部といっても、身体は人間の内部とも言えるし、日中残滓もこころの中の記憶ですからある意味内部とも言えるのですが、精神そのものの内部とは言いにくいところです。フロイトはそういう説明には満足できなくて、もっと純粋に心的な夢の説明、もっと純粋に内的な説明を求めたのです。

夢は願望充足である

そこでフロイトがたどり着いたのが、「夢は願望充足である」という考え方でした。この言葉を聞いたことがある人もいると思います。満たされない願望、満たすことができない願望、満たしてはいけない願望、そういったものが心的な刺激になって、それを満たすような夢を見る、というわけです。これで夢を心的に説明できるようになります。

フロイトは願望充足として理解できる夢の例をたくさん挙げています。子どもの夢が特に分かりやすいです。子どもの夢というのは、願望充足が極めて単純な形で出ているとフロイトは言っています。

たとえば、日中、食べたかったさくらんぼを叔父さんにあげなければならなかった一歳一〇カ月の男の子が「さくらんぼを全部ひとりで食べてしまった！」という夢を見た、という例があります。これは非常に分かりやすい例です。あるいは、Ｄ山という山の周辺のハイキングをしていた五歳三カ月の男の子は、新しい山が見えるたびに、それが目指しているＤ山かどうか、日中しきりに聞いていたそうですが、その男の子の夢は、「僕、Ｄ山に登ってきたよ！」というものでした。

これらの夢の刺激源について考えてみましょう。一つは、日中残滓です。日中の体験が刺激になっています。ただそれだけでは説明がつきません。日中残滓が刺激であるだけであれば、さくらんぼを食べたくて仕方がない気持ちになっている夢や、Ｄ山の周辺をウロウロしている夢を見ても良いのかもしれません。そこに、願望という心的源とその充足を考えると、これらの夢は分かりやすくなります。さくらんぼを食べたいという願望、Ｄ山に登りたいという願望が日中残滓と一緒になって、これらの夢を作った、と考えると分かりやすいと思います。

顕在的夢内容、潜在的夢内容、検閲

願望充足として子どもの夢を考えると夢を理解することができるという話をしましたが、でも、今挙げたような分かりやすい夢ばかりではないことは皆さんも知っているでしょう。「何なんだ、この夢は？」と首をかしげたくなるような、訳の分からない夢を私たちはたくさん見るわけです。「全然願望充足になっていないじゃないか」と思える夢はたくさんあります。

そこで重要になってくるのが、顕在的夢内容（顕在夢）と潜在的夢内容（潜在夢）の区別というものです。たとえば、子どもの夢というものは、顕在的なものと潜在的なものの区別がないわけです。ところが同じように大人がこれら二つを区別しないでおくと、あまりに願望がどぎついので、睡眠を維持することができなくなってしまって起きてしまう、とフロイトは考えました。夢の中で願望を満たしつつ、かつ睡眠が妨げられて起きてしまうことがないようにしなければならないわけです。そこでフロイトが考えたのは、夢の**検閲** *censorship*（英）*Zensur*（独）というものの存在です。ここには、のちに、超自我と呼ばれる概念として結実していくものの萌芽があります。どういうことかというと、今、意識と無意識という二つの異なる心的領域について考えるときに、これは無意識だ、これは意識に入れてよい、というふうに、すぐに判断できるものでなくて、結構この判断というものは大変なわけです。ですから、ここに、意識と無意識という領域だけではなくて、意識に入れてよいのかどうかについての判断機関というものが必要になり、誕生しているわけです。それが検閲というものの正体です。どこまでなら意識化してもよいかということの検閲が行われています。

ある成人男性の夢をフロイトは紹介しています。「二人の人と一緒に（その人たちの名前は夢の中では知っていたが、目覚めると忘れてしまっていた）非常に高い鉄の橋を渡っている。突然二人の姿が消えた。見ると、帽子をかぶり、着物を着た幽霊のような男が見える。男性は、その男に、『電報配達人ですか?』と尋ねた。『違う』と言うので、『運転手ですか?』と聞くと、それも『違う』と言った。男はまた歩き続けて行った。」という夢です。

この夢の背景とフロイトによる解釈を紹介しましょう。夢見手は、その人たちの名前は夢の中では知っていましたが、目覚めると忘れてしまっていました。目覚めた後、夢のことを考えていると、鉄の橋が突然崩れ、墜落するさまが思い浮かびました。名前を忘れてしまった、ということは、思い出したくない、ということだろう、とフロイトは述べます。男性には二人の兄弟がいました。夢は、男性がその二人の兄弟の死を願っていたことを示していた、とフロイトは考えました。このように、兄弟を殺す、などといった夢をみると、目が覚めてしまいます。ですから、それを検閲にかけて偽装するわけです。その二人の兄弟を刺殺したり、高い橋から突き落とすといったどぎつい夢を見たら、人は起きてしまいます。だからこそ、家族などではなく、知っている程度の人が落ちていくという夢となって現れたわけです。鉄橋が崩れて墜落するのは、自分自身が死にそうな不安、罰を表していて、電報配達人は、悪い知らせを運ぶ人物を表している、とフロイトは解釈しました。

夢の仕事

このように、どぎつい願望が夢の中に出てきても夢見手の眠りを妨げないように夢を加工する機能のことを、フロイトは**夢の仕事** *dream-work*（英）*Traumarbeit*（独）と呼びました。皆さんも、夢から目覚めてから「なぜあの人が夢に出てきたんだろう」と不思議に思うことがあるのではないでしょうか。たとえば、何の脈絡もなく小学校時代の友達が出てきたりするわけです。もう何年も会ってなくて、普段全く考えていないような昔の友達が出てきたりします。そして夢の中でその人に怒鳴っていたりします。そういう人は、本来怒鳴りつけてやりたい相手とは違う誰かに置き換わってしまっています。本来怒りが向かうべき相手ではなく、偽装されて夢の中に出てきているのです。このように、夢の仕事によって夢がうまく加工されるからこそ、起きてしまうことなく願望を夢の中で充足することが可能になります。夢の仕事は巧みな妥協形成だと言えるでしょう。

夢の仕事のほかの例は、圧縮あるいは凝縮、強調点の移動あるいは置き換え、視覚化、劇化、象徴化、二次加工、などです。文字が書けないとか、歩けないという夢は、性的な不能を表している、というようにです。

フロイトの夢の解釈は、性的な要素にのみ着目するものではないのですが、それでも、性的なものにかなり拘っているように見える解釈をフロイトは結構しています。たとえば、階段をすごい勢いで登っていって、最後に涙する、という夢をフロイトは紹介しているのですが、この夢は性的興奮の高まりと射精を表している、とフロイトは解釈しました。階段を登っていくというのは性的に盛り上がっていくことを意味していて、涙を流すというのは射精することを意味している、という解釈なのですが、他の解釈もありそうではあります。でもフロイトの手にかかると、露骨に性的な夢として解釈されてしまうので、そこが納得がいかないという方も少なくありません。

鉄橋の夢に戻って、高い鉄の橋というのは、顕在的夢内容になります。一方、潜在的夢内容というものは、鉄橋の墜落が自分の死であるとか罰を表す、というようなものです。

夢分析とは夢の仕事を逆に辿る作業です。そして、そのように逆に辿ることによって、そもそも夢を作り出すことになった無意識の世界を知ることができる、とフロイトは考えました。症状形成と防衛のあり方、さらには転移を通して無意識を知るという方法があることについて話しましたが、今ここでさらに一つ方法が増えました。夢の解釈をすることで無意識を知るという方法です。

夢の二次加工

実はフロイトの夢分析のやり方にはいろいろな課題が残されたままで、それは後の分析家たちによって取り上げられていったものなのですが、その一つを紹介しましょう。フロイトも気づいていたのですが、それは夢が語られるときに加工されてしまうという問題でした。フロイトはそれを夢の**二次加工** *secondary revision* と呼びました。夢が一見聞きやすい物語 narrative になっているのは、夢を人に語るときに、夢見手が話をスムーズに加工することによるというのです。これを二次加工と言います。フロイトは二次加工を最初は夢の中で行われるもの、すなわち夢の仕事の一部だと考えていたのですが、やがてそれは夢の仕事ではなく、覚醒時に行われるものだというように考えを変えていきました。

夢分析は、いわば、こうやって張り巡らされた二次加工の向こう側に、潜在的夢内容を読み取る作業として考えることができます。ただ、二次加工は全くの邪魔者ではありません。面白いことに、フロイトは二次加工が夢分析の妨げになるだけではなく、助けにもなると言っています。なぜかというと、二次加工が加わったところにこそ、抑圧などの防衛が潜んでいる可能性が高いからだ、とフロイトは言いました。

夢体験そのものをライブで語るということはできません。夢体験そのものと夢体験を語ることは同じことではないのです。夢というのは一つの体験ですから、夢という体験と、それを起きてから語るということは本質的に違うことです。

夢分析の周辺には他にもいろいろな問題があるのですが、フロイトは、夢は無意識への王道だと考えていました。夢分析が一番だ、と言ったのです。それが一九〇〇年の時点でのフロイトの考えでした。

こころの外部とこころの内部の区別

「心理学草稿」や『夢解釈』の中でフロイトが論じたことの一つは、現実とそうではないものの区別の可能性でした。こころの外部のものとこころの内部のものは区別できるのか、ということです。知覚は外的現実と関連しています。外から来る刺激を受けとること、それが知覚です。一方、知覚とは違い、こころの内部から到来するものもあります。たとえば**記憶** *memory* です。記憶は、一度記憶として定着してしまえば、こころの内部に位置づけられるものです。**願望** *wish* や**考え（観念）** *idea* も同じように、こころの内部に位置づけられるものです。

フロイトは、こころの外部から到来するものが知覚システムを興奮させ、続いて知覚システムからのエネルギーの放出が起こることが**現実の徴** *indication of reality*（英）*Realitätszeichen*（独）を生み出す、と考えました。「心理学草稿」の中に、ωニューロンという概念が出てきました。これは簡単に言えば知覚ニューロンのことでした。今われわれが電灯を見つめるとします。するとωニューロンが電灯を見ることで興奮し、その興奮がψシステム、大まかに言えばこころのことですが、そちらに向けて伝達されます。この過程が、結果として質的な「現実の徴」を生み出す、と言うのです。

制止

一方、記憶や願望、考えなど、内的に起こるものに対しては、自我による**制止** *inhibition*（英）*Hemmung*（独）というものが加わる、とフロイトは言っています。ここで制止とは何かということですが、これは心的エネルギーを量的に制することです。制して量が減ったら、今度はその減った心的エネルギーはどうなるのか、という疑問が浮かびますが、制して量を減らすことそのものに心的エネルギーが要りますので、総量は変わらないと考えればひとまず納得がいくかもしれません。（注3）

外的現実は知覚システムを通してそのまますんなり自我に入ってくるけれども、願望や考えに対しては自我による制止という調整が加わるということです。今たとえば、電灯の内的イメージというものを考えてみると、それはもちろん、現実の電灯のようなものが目からすんなり入ってくるようにこころに浮かぶというわけにはいかず、何らかの内的な調整を受けたあとの状態としてわれわれのこころに浮かんでいます。そういう内的イメージが現実と同じように感じられるためには、極めて大きな強さが必要です。「こころの中の電灯」をいくら頑張って考えてみても、「現実の徴」を持つほどに十分なエネルギー量を持つようにはならないでしょう。だから現実とそうではないものが区別される、とフロイトは考えました。

「こころの中の電灯」を譬えとして用いましたが、内的な願望や考えが自我にとって非常に危険なものになり得るということは皆さんも想像できると思います。たとえば、近親姦の願望などが典型的です。ですから、願望や考えも自我による制止という調整を受けるのです。おそらく「こころの中の電灯」に対してよりもずっと強い制止が働くことでしょう。その結果、量的にしぼんでしまいます。すると「現実の徴」という質感を決定的に失うことになります。このようにして内的なものと外的なものを区別することができる、とフロイトは考えたのでした。

「性欲論三篇」

フロイトは、一九〇五年に「性欲論三篇」"Three Essays on the Theory of Sexuality"（英）、"Drei Abhandlungen zur Sexualtheorie"（独）という論文を書いています。この中でフロイトは、欲動とは何か、そしてそれがどのように発達していくのか、といったことについての自分のその時点での考えをまとめています。とても重要な論文なので、皆

（注３）制止という言葉は、ここで今述べたようなことを指して用いられる以外に、自我の働きが低下してしまうこと全般を指しても用いられる。それはいろいろなときに起こり得るが、その一例は、心的エネルギーを何かに偏って振り分けてしまった場合である。そのような場合、他の場所では心的エネルギーが欠乏した状態になる。心配ごとがあってそればかり考えていると他のことを考えられなくなるということも、この意味での制止の概念を用いて説明することができる。

さんもよく覚えておいてください。

欲動と発達

「性欲論三篇」の中でフロイトは、性欲動は、発達するにしたがって欲動の源泉となる性感帯、対象、そして目標を順次変えていく、と論じました。フロイトによれば、性感帯は、口唇期、肛門期、男根期、潜伏期、性器期、と移り変わっていきます。これを**精神性的発達** *psychosexual development* と言います。唇や肛門への刺激が性的な満足につながり得る、ということは経験的にはよく知られていることです。それを説明するのにはいろいろな方法が考えられるのですが、フロイトは、それを欲動のエネルギー源であるリビドーの変遷から説明しようとしました。つまり、生後間もなく心的エネルギーが口の周りに集まってくることで口唇的な欲動が高まる、と考えました。次にそれが肛門に移って肛門的な欲動が高まり、それがやがて男根に移り男根期に至る、とフロイトは考えたのです。

面白いのは、次の潜伏期というものです。人は、小学生の頃には性的関心がその前後よりも減るものです。少なくとも行動的にはそうです。たとえば、小学生に、男子と女子は手をつなぎなさい、というと、あまりつなぎたがらなかったりします。幼稚園児は男女仲良くて、異性の身体に強い関心を示したりします。それが一次的に減るのが小学生時代です。そして思春期以降になると、男女は再び互いに惹かれるようになります。

欲動の三要素

前に話したように、フロイトは欲動二元論というものを考えていくわけですが、ここでフロイトは、欲動というものを理解しやすくするための良い方法を思いつきました。それは、欲動を三つの要素からなるものとして考えるということです。すなわち、欲動は、**源泉**、**対象**、**目標**という三つの要素から成り立っているとフロイトは考えました。

性欲動すなわちリビドーについて考えてみましょう。性欲動にはその源泉、すなわち平たく言えば性欲があって、そしてその対象を選びます。そして、性行為を営んで快を得ます。この一連の出来事が欲動が満たされる過程だ、とフロイトは考えました。

ここで面白いのは、フロイトの発想では、最初に源泉ありきであることです。性欲動がある状態が先にあって、なのでそれがどこかに向かわないといけないから対象が必要になるという考えです。

性欲動が自分自身に向かうと自己愛になってしまいますが、正常ではそうではなくて、性欲動は対象に、相手に向かいます。性欲動が高まっていて、そこにたまたま対象がいたのでそこに性欲動が向かう、というのです。ここでは、対象の性質についての関心が抜け落ちています。対象が、実は自分と同じように主体性を持った存在であるという認識が欠けているからです。対象というのはあくまでも道具的な存在として考えられています。このところは、現代の精神分析によって批判されているところです。たとえば、赤ん坊にとっての母親は、赤ん坊の一つの対象として考えることができますが、母親は赤ん坊に母乳を与えるだけの道具的な存在ではなく、独自の主体性をもった存在です。

倒錯

そのような批判が後になされることにはなったのですが、フロイトはともかくそのように性欲動について考えたのでした。欲動が満たされる通常の過程のどこかの段階における逸脱が**倒錯** *perversion* と呼ばれているものです。フロイトの考える正常な性の営みに至らないものは倒錯ということになります。

倒錯には何種類かあって、性の営みの対象が間違っている場合と、性の営みの目標が間違っている場合に大別されます。そのように考えると整然と理解することができます。すなわち、倒錯は**対象倒錯** *inversion* と**目標倒錯** *perversion* に分かれます。ですから、倒錯という言葉は、あとで述べるサド - マゾヒズムのように、快以外のものを目標とするような目標倒錯のみを指すように狭く理解されることもありますが、広い意味では対象倒錯と目標倒錯の両方を含むものです。

成人の男女の交わりがあって、かつそこに快があること、それこそが正常の性のあり方だとフロイトは考えました。したがって、フロイトに言わせれば、同性愛は、男女の交わりではないですから、対象倒錯ということになります。もっとも、今の精神分析家は同性愛を病理的だとは考えていません。

対象倒錯の他の例は、小児性愛や動物性愛です。性的にまだ十分に発達していない小児を対象に選ぶということは、病的な対象選択だということになります。

対象倒錯には、**フェティシズム** *fetishism* というものもあります。世間でしばしば「フェチ」と省略されて用いられる言葉ですが、正確にはフェティシズムです。また、フェティシズムという言葉は、単に偏愛という意味ではなく、もっと専門的に定義されている言葉です。フェティシズムは、髪の毛や足といった身体の一部、あるいは衣服など身体ではないものを、性器の代理物とみなすものです。髪の毛や服とは性交はできませんから、これらも間違った対象を選択していることになり、だから対象倒錯であるということになります。フロイトは、ここには去勢の否認が入っている、と考えました。フロイトによれば、女性に男根がないことは、去勢が現実化してしまったことを表しています。その事実に直面したときの衝撃を緩和するために、たとえば、靴などを性器の代理物として性的対象の位置に据えること、それがフェティシズムだ、とフロイトは論じました。

目標倒錯は、口唇や肛門が最終的な目標である場合などです。たとえば肛門性交の場合です。ほかには、準備行為での停滞や固定、たとえば見ること、覗くこと、触れること、擦り付けることなどだけで止まってしまう場合、それは目標倒錯ということになります。窃視症というのがあります。覗き魔のことですが、覗くことだけで快を得て、それだけで完結してしまう人がいますが、そういうものは病的とされるわけです。

交わりが快ではなく苦痛を生むだけである場合、それも目標倒錯になります。わざわざ相手を痛めつけることや相手に痛めつけられることを目標とし、それを楽しみとする人もいます。**サド‐マゾヒズム** *sado-masochism* と呼ばれるものです。痛めつけることに快があるものをサディズム、痛めつけられることに快があるものをマゾヒズムと言います。興味深いことに、注意して見ないと分からないことですが、サディズム傾向を持つ人は、同時にマゾヒズム傾向を持つことがほとんどです。逆もそうで、マゾヒズム傾向を持つ人には、サディズム傾向も潜んでいるものです。男性と女性が付き合って、でも互いに傷つけ合うだけになる、ということは少なからずあります。それはフロイトに言わせれば、目標倒錯的な関係のあり方です。

サディズムもマゾヒズムも、基本的には性行為に関する概念なのですが、もっと一般化された形で、モラル領域に、とくにマゾヒズムが入り込んでいることがしばしばあります。**モラル・マゾヒズム** *moral masochism* という言葉があります。職場などでわざわざ苦痛なことを引き受けてしまう方に行ってしまうような人に見られる傾向のことです。

神経症と倒錯の関係

前に、精神疾患は精神病というグループと神経症というグループ、そしてその中間のグループに分けられるという話をしました。それでは、今話した倒錯はそういう分類との関係でいうとどうなのか、という疑問が生まれるかもしれません。

倒錯というのは、多くの場合、精神病のような重篤な症状にはつながらないので、神経症グループに入れておいてもよいかもしれませんが、ややこしいことに、それでいて神経症とは反対の性質を持ちます。病気の重篤さで考えるとどちらかと言えば神経症に近いけれども、その成因は大きく異なるのです。

フロイトによれば、倒錯とは神経症のネガ、すなわち陰画です。裏返しです。たとえばヒステリーのことを考えると分かりやすいのですが、ヒステリーは、「こういう満足をしてはいけないよ」という禁止、たとえば近親姦願望の禁止の代わりに、症状が出てきてしまうものです。人は禁止された満足の処理に困って、代わりにヒステリー症状を持つようになるわけです。しかし、倒錯者の場合、ヒステリーになる代わりに、倒錯によって願望を十全に満足させてしまっているのです。

禁じられた満足を症状化することで処理しているのがヒステリーなどの神経症者で、禁じられた満足を成就してしまっているのが倒錯者です。だから、両者はポジとネガの関係にあると言えます。

倒錯の治療というのは難しいです。そもそも治療の対象とするべきなのかどうかも慎重に見極めなければなりません。倒錯的なあり方が完成してしまっていると、治療になりにくいものです。そういう方は治療の必要をあまり感じないものです。神経症者はしばしば悩みます。倒錯者は悩む場合もありますが、悩まない場合もあります。「こういう願望充足は良くないとされているけど、自分はもうそれでいいんだ」となると、悩みにならないからです。もちろんここでいう、悩む、悩まないというのは意識的なものだけではなくて無意識的なものも含んでいるのですが、「それは悩むべき問題です、だから治療しましょう」と言っても、それは特定の価値観、病理観に基づいた勧奨に過ぎないのであって、患者さんに受け入れられるかどうかは分かりません。

最近の精神分析は、人間の性の在り方の多様性をどんどん受け入れる方に向かっています。昔なら倒錯と考えられていたものでも、今では倒錯とはみなされないということもあります。倒錯の概念は、少なくとも部分的には、間違っていたのです。精神分析はこのことを真摯に受けとめなければなりません。ただ、犯罪性があるもの、たとえば小児性愛が典型ですが、そういうものは依然として問題だとされています。しかし、ただ「止めなさい」というだけでは治療にはなりません。まずはその人が、自分の性的な欲求が世の中では受け入れられるものではないという事実を受け止めるのを助けることができるのか、ということが問われます。

第5講　同一化から構造モデルへ

対象とは何か

これまで心的エネルギーや心的装置についていろいろ話しましたが、今回はそれらについてさらに詳しく話していきます。特に、心的エネルギーの向かうところはどこなのか、という問題や、心的装置とその外部の関係はどうなっているのか、という問題にはあまり触れてきませんでしたので、そういった問題を取り上げたいと思います。

心的装置に刺激が加わって、それを心的装置がどう扱うのか、ということについてはある程度話しましたが、われわれの現実の生活は、それよりもずっと複雑で、常に、実際に、あるいはこころの中で、人に会ったり、別れたりしながら生きているわけです。決してたった一人で自分だけの夢想の中に生きているわけではありません。人に好かれたり、好いたり、人に嫌われたり、嫌ったり、攻撃したり、人に会うことを想像したり、実際に人に会ったり、日々、そういうことの繰り返しです。そこで今回は、精神分析において対象とは何なのか、ということに関連することを話していきたいと思います。

心的エネルギーと対象

心的エネルギーを論じるにあたって、対象という概念について同時に考えることが重要だということを以前話しました。対象という概念は、精神分析を考える上で今では決定的に重要な概念になっています。ただ、フロイトが精神分析を立ち上げていく中で対象概念についての考えを洗練させていったのは、結構あとの方になってからです。現代の精神分析家は、患者の心的世界における対象の性質というものにものすごくこだわっているのです。たとえば、「この患者さんの母親的対象はどういったものなのだろう」といったことをよく考えます。ただフロイトは、特に最初のころは、対象というものについて十分に考慮することができていない印象です。対象概念はフロイトの当初のこころのモデルの中には十分には組み込まれていなかったのです。

フロイトの当初のモデルの中では、対象とは何かということは極めて単純に、機械的に説明されています。すなわち、前に話したように、心的エネルギーが備給されるもの、それが対象です。

フロイトのこころのモデル

フロイトのこころのモデルには、**局所モデル** *topographic model*（英）*topische Modell*（独）というものと**構造モデル** *structural model*（英）*Strukturmodell*（独）というものがありました。

局所モデルは、簡単に言い換えれば、場所モデルのようなものです。ギリシア語に **τόπος**（tópos）という言葉がありますが、これは場所という意味です。ですから、局所モデルというのは、エネルギーの整理がどの程度付いているか、という観点からこころをいくつかの場所に分けて考えてみる、というモデルです。フロイトは、全く整理がついていない場所を**無意識システム** *the system unconscious*（略して Ucs.）と呼び、整理がそれなりについている場所を**意識システム** *the system conscious*（略して Cs.）と呼びました。そしてその間には**前意識システム** *the system preconscious*（略して Pcs.）というものがある、と考えました。

もう一方の構造は、これも局所モデルと同じくある種の場所モデルです。ただ局所モデルよりももう少し複雑なモデルです。第二局所モデルと呼ばれることもあります。まず、エネルギーの整理がついていない場所を**エス** *Es*（独）と呼びました。あるいは英語で**イド** *id* です。そして、エネルギーの整理をつける機能と、整理用の簞笥《たんす》のようなものが置いてある場所を**自我** *ego*（英）*Ich*（独）と呼びました。最後に、エネルギーの整理の仕方とかこれまでの整理の流れや歴史をまとめて管理して、自我による整理のあり方を監視する機能のある場所を超自我と呼びました。

こころをいくつかに区分するという発想を提示しましたが、もしもこれが、無限に区分できるのだとしたら、それは確かに一つのモデル化ではありますが、それではモデル化することのメリットがあまり感じられないものになってしまいます。モデル化というのは、複雑なものをわれわれが理解するために、正確に言えば理解した気にさせてくれるために、分かりやすいものでなければなりません。だから、変数もある程度に抑えておく必要があります。

大体これだけの数の場所を考えて、それらの間の均衡及びその崩れを考えることで、広く精神病理というものは説明できる、とフロイトは考えました。生物学的には、もちろん、脳は三つの部分からなっている、というような単純なものではありません。ここでいう区分というのは、解剖学的な区分のことではなくて、**機能的区分**のことだ、と言ったら分かりやすいでしょう。

無意識システム、意識システム、前意識システム

構造モデルのことは後に話すとして、ここで、局所モデルにおける無意識システム、意識システム、前意識システムの話をもう少ししましょう。システムを付けないで、単に、無意識、意識、前意識と呼んだりします。まず、前意識システムは、ほとんど意識システムだと言ってよいほどです。普段は意識されていないけれども、かといって抑圧されているわけでもなく、条件が整えば意識され得るようなものです。ここで「条件が整えば」というのは、注意が向けられたりすれば、という意味です。

たとえば皆さん、今この瞬間に、中学校に入学したときの体験について意識している人はまずいなのではないかと思います。でも、今こうやって私が話しただけで、その時の体験が浮かんでくるのではないでしょうか。少し注意を向けてやっただけで、意識化されるものなのです。条件が整えば意識されるというのは、たとえば、そういうことです。

ということで、意識システムと前意識システムの間の境界は曖昧です。そこには、質的な違いというのはそれほどありません。意識化するのに必要なエネルギーの違いのような量的な違いがあるだけです。ですから、意識システム - 前意識システムとハイフンでつないで書いてもよいものです。意識システム - 前意識システムにおける体験、これが基本的にわれわれの普段の体験です。

一方、無意識システムというものは決定的に異質なものです。無意識システムは、前意識システムと違って、抑圧されて容易に意識され得ないものから成り立っているシステムです。局所モデルを理解するには、この無意識システムをよく理解しなければなりません。

無意識システムの特徴

「心理学草稿」という論文がありました。その中で、一次過程、二次過程という言葉が出て来ました。何の調整も受けることなく心的エネルギーが広がって行くような状態でのこころの働き方を一次過程、そこに調整のようなものが入ってきた状態でのこころの働き方を二次過程と言うのでした。われわれの日常の意識的体験は、常に調整が入った体験をしています。調整が入る理由には外的なものと内的なものがありますが、外的なものはインパクトが非常に大きいです。外的なものの代表は現実です。現実というものがこころの機能に全く介在しないとしたら、どうなるでしょう。それは夢のような体験になるでしょう。たとえば、講義の開始時刻に遅れても、講義の開始と終わりが逆になっていて、なぜか講義を全部聞いたことになっている、などといったことが夢の世界では普通に起こります。でも実際には、夢のような生活はわれわれには現実にはできません。現実は二次過程的にできています。時間は順次進行しますし、原因が先にあって結果が後に来るという因果律が保たれているのが現実の世界です。意識システムは二次過程的です。

しかし、無意識システムは一次過程的なのです。無意識の世界ではそういう時間の順次進行や因果律というものは保たれていません。無意識の特徴の一つは**無時間性**です。無意識の中では、先に起こったことと後から起こったことの前後関係、因果関係がごちゃごちゃになって、後で起こったことが前に起こったことに影響を与える、ということが平気で起こります。現実の世界では、前に起こったことが後に影響を与えるものです。現実の世界では物を手離すと下に落ちますが、無意識の世界の中では、下に物が落ちたのを見てから手を離す、ということも起こります。あるいは、すでに卒業したはずの学校なのだけれども、夢の中ではまだ単位を取れていない、などということもあります。

事後性、隠蔽記憶

記憶というものは、普通は出来事が起こってそれを記憶して、後から想起する、という順番なのですが、無意識の世界では、ある出来事の記憶が後から決まることがあります。**事後性** *deferred action*（英）*Nachträglichkeit*（独）*après-coup*（仏）という概念がありますが、これは今説明したように、時間的に後のことが時間的にそれよりも前のことに影響を与えるということを示す概念です。思春期の性的体験が、子ども時代の性的なニュアンスのある遊びの性的意味を遡って書き換える、ということがあります。そのようなことを事後性と言います。これも無意識の無時間性があってのことです。

関連する概念として、**隠蔽記憶** *screen memory* という概念があります。苦痛を伴う記憶を隠蔽するために用いられる別の記憶のことを指すのですが、普通に考えると、時間的により前のことを隠蔽するために時間的により後の記憶が隠蔽記憶として機能するという状況が思い浮かびます。そういうことももちろんあるのですが、興味深いことに、逆に、時間的に後のことを隠蔽するために時間的にそれよりも前の記憶がハイライトされる、ということもあります。思春期の性的な外傷体験を隠蔽するために、一見性的なニュアンスのない、より早期の記憶が印象深く残っている、といった場合です。そのような記憶の話を聞いたら、脱性愛化されている記憶の内容だけではなく、その隠蔽機能についてもよく考えてみることが重要になります。

無意識と論理

無意識の世界には、意識の世界におけるような論理というものはありません。どういうことかというと、たとえば夢は論理的に矛盾だらけです。だから論理の筋道を示す接続詞もほぼ出てきません。それでは接続詞が必要になるようなときに夢はどうするかというと、場面の転換として表現します。「いや、違う」などという、言葉が出てくる代わりに、前の場面を状況的に否定しているような場面が現れるだけです。無意識の世界には否定というものはありません。夢の中の場面の転換というものは、全部「こうだ」という、いわば肯定的なつながりなのですが、それらは総体として、二次過程思考的に言えば逆接的な論理の展開に相当するものを表している、ということです。

皆さんも、夢を見ているときには、起きているときのような論理というものが通用しないということを体験していると思います。「あれ、変だな」などと夢の中で思ったりすることもあると思いますが、あれは夢の中に二次過程的な思考が一部入り込んでいるときであって、夢の本体はやはり一次過程的なものです。

力動的無意識と記述的無意識

今までわれわれが主に話してきた無意識は、実は、無意識の中でも**力動的無意識** *dynamic unconscious* と呼ばれるもののことです。これは、文字通り力が働いた結果無意識になっているような無意識です。そのような力の代表は抑圧です。意識にのぼると困るようなことを力で抑え込んだ結果、意識から追放されたもの、それが力動的無意識です。

無意識にはもう一つ、**記述的無意識** *descriptive unconscious* というものがあって、こちらは、そこに力が作用しているわけではないけれども無意識になっているようなものです。忘れたいわけではないのだけれども、意識されなくなっているものです。

誰かの名前を急に思い出せなくなることがありますが、その原因として、その人に対して何か意識したくないような気持を持っている、ということがあります。その場合、名前を思い出せない、という出来事は、力動的な現象だということになります。しかし、名前を思い出せなくなることは、たとえば、典型的には認知症の場合がそうですが、単に記憶の力の問題である場合ももちろんあります。その場合、思い出せないのは力動的な理由によるのではないということになります。

他に、しばしば例に出されるのは、自転車の乗り方です。一〇年ぶりに自転車に乗るとしたら、「一体自転車ってどうやって乗るんだっけ?」というように、自転車の乗り方を意識化できないということが起こり得ます。でも、実際に自転車に乗ってみると、意外とよく覚えていて、乗れるものです。明確に意識化できなくても、覚えているものです。

自転車に乗ることに関連して何か思い出したくないことがあるので乗り方を明示的に思い出せない、というわけではありません。自転車の乗り方は、意識に明確に登ってこないという意味で無意識化されていたわけですが、それは力動的ではない形での無意識化です。そのような無意識のことを、記述的無意識と言います。

同一化

局所モデルの話が大体終わったので、次に構造モデルの話をしたいのですが、その前に、**同一化** *identification* の話をしたいと思います。これは非常に重要な概念で、構造モデルの話はこの話をしないと分かりにくいでしょう。

同一化に関するフロイトの重要な仕事として有名なものに、「喪とメランコリー」(Freud, 1917) という論文があります。今回、最初に対象とは何かということについて話しましたが、局所モデルには対象概念が十分に組み込まれていないので、それだけではフロイトの精神分析の根本のところが分かりにくいです。それだけでは説明力が低いのです。けれども、フロイトの精神分析理論が展開していくにしたがって、少しずつ対象概念が理論の中に組み込まれていきます。その一つの重要なステップというのが、この同一化論で、それを最初に詳しく論じた論文がこの「喪とメランコリー」です。

ここでいう**喪** *mourning* というのは、誰かを失ったときの悲嘆のことを指します。メランコリーというのは、うつ状態の中でも特に典型的な抑うつ気分と他の症状を呈している状態を指しますが、ここではうつ状態のこととほぼ同じだと思っておくと分かりやすいでしょう。それでは、なぜ人は、人を失ったときに悲嘆にくれるのでしょうか。さらには、一部の人はうつ状態にまで陥ったりするのですが、そういうことはなぜ起こるのでしょうか。精神分析の言葉で言えば、人を失うというのは、**対象喪失** *object loss* の話です。自分にとって大切な人を失ったあとで、一部の人はうつになります。でも多くの人はうつにまではなりません。何がその両者を分けるのか、ということが問題になります。

対象喪失の後のうつ状態のことを表す言葉として、**病的悲嘆** *pathological grief*, **病的喪** *pathological mourning* という言葉があります。アメリカの精神医学の診断基準であるＤＳＭ-５には、これまで病的悲嘆とか病的喪と呼ばれていたものとほぼ同じものを指す言葉として、**持続性複雑死別障害** *persistent complex bereavement disorder* という言葉が登場しました。病的悲嘆や病的喪、持続性複雑死別障害になる人は、そうならない人と何が違うのかが気になるところです。

自分にとって親しい人が亡くなってしまったときに悲しむのは正常なことです。でも、あまりにも長く悲しんでいたり、自分を過剰に責めたり、さらには、「こっちにおいでよ」などといった幻聴があったり、自分のせいで死んだのだから自分は投獄されるべきだ、などという妄想を持ったりするのは病的だと考えられているのですが、それではそもそもなぜそのようなことになるのか、ということをフロイトは説明しようとしました。

正常な喪においては、失われたものは意識的に悲しまれます。「お父さんが亡くなって寂しい」というのは、意識的な悲しみです。ここで大切なのは、亡くなった人は、あくまでも自分とは違う存在として悲しまれている、ということです。

ところが、病的な喪においては、死んだ人がこころの中に居続ける、という状態になるとフロイトは考えました。それも、「いつまでも一緒にいれていいな」などという穏やかな感じでこころの中に居続けるというのとは少し違います。病的な対象喪失においては、対象が失われるということがあまりにも耐えられないので、人は対象をこころの中に取り入れるしかすべがなくなるのです。

外的対象である亡くなった人、喪失された対象を、こころの中に取り入れることでなんとか耐え忍ぼうとします。このように何かをこころの中に取り入れるプロセスのことを、**内在化** *internalization* と言います。この内在化のプロセスには何種類かあるのですが、その中でも最終段階に近いものを**同一化** *identification* と言います。(注4)

(注4) 内在化のプロセスには、他に、**体内化** *incorporation* そして、**取り入れ** *introjection* がある。体内化は、内在化の身体的な側面に着目した概念である。原始的共同体においてときにみられる死者の人肉食（カニバリズム cannibalism）は、体内化の具現化として理解することができる。取り入れは、粗い同一化のようなものである。すなわち、なりすまし、模倣などに近い。一方、同一化においては内在化の程度はより深化しており、内在化した当人は、内在化された対象と自分の区別がつかなくなっている。すなわち、自我は対象に同一化している。超自我は同一化の産物の典型である。

そうすると、どういうことが起こるのかということですが、フロイトは、同一化のために、失われた対象が確かに失われたということが意識されずに、対象喪失をめぐる喪の作業が無意識の中に留まり、遷延する、と言いました。自我の一部が対象と同一化するというのは、ある意味で自我の一部が対象になりきってしまうということです。対象を失う代わりに自分自身が対象になり切ってしまっているのです。

分かりにくいかもしれないので、もう少し説明しましょう。皆さん、今こころの中で、自分の家族の姿や親しい友達を誰か想像してみてください。親でも兄弟姉妹でも、親友でも誰でもよいです。すぐにできるでしょう。今皆さんのこころの中には、その方のイメージのようなものが浮かんでいると思います。これを、精神分析の言葉を用いて、皆さんの自我の中に**対象表象** *object representation* が浮かんでいる、と表現することができます。

フロイト以降の精神分析、特に対象関係論においては、対象という言葉は、実はこのように意識できる対象表象だけを指しているのではなくて、無意識的な対象表象であるとか、さらには表象化されていない対象のことも含んで広く指すものとして使われることがあるのですが、分かりやすくするために、ここでは、対象とはだいたい対象表象のことだと思っておきましょう。(注5)(注6)

精神分析は、対象との関係の意識できる側面だけではなく、対象との関係の無意識的側面についても考えるところにその特徴があります。誰か身近な人が亡くなるということが起こるとして、その亡くなった人に対する反応、そのような対象喪失に対する反応というのは、「ああ、あの人が死んでしまった」という意識的なものだけではない可能性があるからです。そういう意識的なレベルでの反応だけではなく、対象との関係の無意識的側面における反応について探究するのが精神分析なのです。

フロイトは対象喪失に対する二つの反応について次のように言っています。正常な喪においては、外的な対象が失われることによって、残された人の世界は、以前ほど豊かなものではなくなってしまいます。いわば世界が貧困化してしまうのです。しかし、病的な喪においては、失われるのは外的な対象ではなくて、自我の一部である、とフロイトは言いました。なぜならば、外的な対象が、先ほど説明した同一化のメカニズムによって自我の一部になっているからです。したがって、病的な喪においては、世界が貧困化するのではなく、あるいは世界が貧困化するとしてもそれだけではなく、自我が貧困化する、とフロイトは言いました。

他の言い方をすると、病的な喪では失われた対象に対するアンビバレンスが問題になっています。フロイトの有名な言葉に、「対象の影が自我の上に落ちる」"the shadow of the object fell upon the ego" (Freud, 1917, p. 249) というものがあります。含蓄の深い言葉です。同一化のメカニズムによって、対象が自我の一部になるということは、自我の一部が対象によって変容させられたということです。そのように変容させられた自我の部分に「対象の影」をここでは見

(注5) 対象表象とは対象のイメージのことなのか、というと正確にはそうではない。対象のイメージは比較的容易に意識できるものであるが、対象表象は、なかなか意識しがたいもの、さらには全く意識できない無意識的なものも含む。また、対象のイメージという概念は、その時々に浮かんだイメージを指す言葉であり、そこには持続性や安定性のニュアンスがあまり含まれていない。一方、対象表象という概念は、もっと持続性があり、ある程度安定したものを指す。たとえば、今、目の前で何か酷いことをしてきた母親に対して「悪い母親」という対象のイメージを持つとする。だがそのようなイメージにはあまり持続性がなく、母親に親切にしてもらうと消えてしまうかもしれない。しかし、昨日今日のことではなく、長年にわたって酷い扱いをしてきた母親に対する印象はそうそう変わるものではない。安定して「悪い母親」であるという思いが続くだろう。そのような思いは、母親が何か親切なことをしてくれて一時「良い母親」のイメージを持つに至ったとしても、あるいは母親が目の前からいなくなっても、こころのどこかに残り続けるだろう。言い換えれば、「悪い母親」は意識していないときでも、こころの中に保たれていることだろう。無意識的な対象表象とは、そのようにして保たれている「悪い母親」のことであると考えると分かりやすいかもしれない。

(注6) クライン派など一部の学派の精神分析家は、表象化される以前の段階の対象について考察している。自我心理学の考え方では、対象とは対象表象のことである。そして、対象表象は自我機能の産物である。しかし、クライン派のように表象化以前のものとして対象を概念化するような考え方によれば、対象は自我機能の産物ではなく、むしろ自我を構成するものである。

ているのです。そして、そのように今や自我の一部になった対象に対して、すなわち「対象の影」として自我の中に存在し続けることになった対象に対して、「なぜ自分を置いて死んでしまったんだ！」という怒りが向けられる、とフロイトは論じています。死んだ対象への怒りというのは理解できると思います。でもそれは、今や他ならぬ自分自身に向けられた怒りです。「対象の影」としての失われた対象は、自分自身の一部だからです。だからこそメランコリーに陥る、というのです。なかなか複雑な議論ですが、なるほどと、思えるところもあるのではないでしょうか。

対象関係論の萌芽

ということで、人間は、外的な対象、すなわち現実の人間と関係を持っているだけではなくて、こころの中の内的な対象と内的な関係を持っている、という考え方が分かったのではないかと思います。人を失って苦しいのは、人を外的に失っただけではなく、内的にも失ったからです。配偶者を失った方が、「自分の一部を失ったようだ」とか「手足をもぎ取られたようだ」とその辛さを表現してくれることがときどきあります。それは、実際に長年連れ合った夫や妻がもはや自分の一部になっていたために、まさに、手足をもぎ取られたような痛みと喪失感が生じるからです。

精神分析の学派の一つである対象関係論は、関係性を中心に、今説明したような内的な関係性を中心に分析していくことを重視する学派です。フロイト以降現代に至るまで、対象関係論は自我心理学と並んで双璧をなす考え方です。そのような理由で、「喪とメランコリー」はしばしば精神分析の大きな転回点の一つとされる論文です。

構造モデルに向かって

構造モデルについてもう少し詳しく話しましょう。構造モデルを論じる上で最も大切な論文は、一九二三年の「自我とエス」"The Ego and the Id"（英）、"Das Ich und das Es"（独）です。ドイツ語では、難しい言葉や専門用語でも、日常語をそのまま使う傾向があります。ところが英語では、難しい言葉や専門用語はラテン語由来の言葉を使う傾向があります。ですから、「自我とエス」の原題は "Das Ich und das Es" なのだから、それをそのまま英語に訳して、"The I and the It" では駄目なのか、というと、もちろん駄目ではないのですが、それだと英語らしくありません。英語としては "The Ego and the Id" の方がそういう意味でより適切な訳だと言えるでしょう。

エスから自我へ

自我は、意識システムの大半を占めるもので、外界との調整役を果たしています。運動のための、すなわち興奮の外界への発散のためのスイッチのような働きをしているんです。重要なのは、自我というものを考えることで、今まで話してきた無意識というものの構造がもう少し複雑になってくるということです。局所モデルにおいては、許しがたい願望が抑圧されて無意識化されるのでした。けれども、次第にフロイトは、抑えるべき願望そのものだけではなく、抑えるという機能や、そもそも、抑えるべきだ、という判断もまた無意識に含まれると考えるようになっていきました。自我機能というものに着目して、それもまた無意識的世界の大きな部分を占めている、と考えるようになったのです。

フロイトは、エスとは「知られざる、コントロール不能な諸力」である、と述べています（Freud, 1923, p. 23）。いろいろな無意識的衝動や願望、そういうものから成り立っているこころの部分です。自我とエスの構造的な関係については、自我は、知覚系を通して外的世界の影響を受けることでエスの表面が一部変化したものだ、と言っています。自我は、見たり聞いたり感じたりする知覚を司るものとして最初は始まる、ということです。図５はフロイトが以上のことを示すために描いた図です。acoust. とあるのは、acoustic の略で、「聴覚の」という意味です。ここに聴覚器のようなものを書き込むことで、フロイトは知覚系の例を具体的に示したかったのでしょう。エスは自我とつながっていますが、自我の一部が意識システムに含まれているのに対して、エスは無意識システムの領域に留まっています。フロイトは、自我を馬を制御する騎手にたとえています（ibid. p. 25）。もちろん、この馬というのはエスのことです。

こころの発生について、フロイトは次のように述べています。まず最初に、エスがあります。その次に、エスに乗りかかる形で自我が発生します。そして、自我は知覚系を中心として成長していく、というのです。

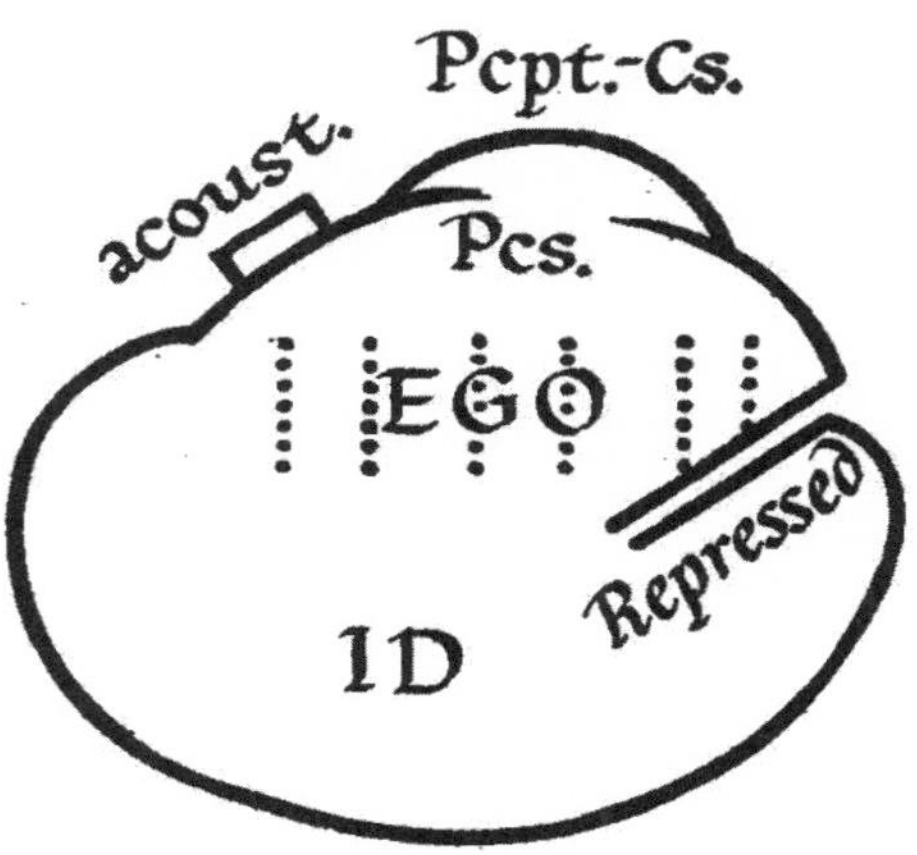

図５　フロイトの構造モデル１（Freud, 1923）

それではなぜ知覚なのか、ということですが、エスというのは、こころの中そのもの、精神内界そのものです。けれども、私たちは実際には現実の世界の中で生きていますから、現実の世界からの刺激の流入というものを常に考えていないと、生きていけなくなります。そのためには、現実の世界との接点を持たなければなりません。見たり、聞いたり、触ったり、とにかく何らかの形で現実の世界との接点を持たなければならないのです。人が生まれて最初にすることの一つは世の中の知覚をするということであり、決定的に重要なことです。

フロイトは、「自我は、何より、身体的自我である。それは表面の存在であるだけではなく、それ自体が表面の投影でもある」(ibid, p. 26) と述べています。これは分かりにくいところですが、次のように理解することができると思います。自我のもととなるものは外的世界との交流をするための知覚系ですから、身体的なものであり、それも身体の表面において出来上がっていくものです。そしてそればかりではなく、自我は身体の表面からの知覚を受け取って、すなわち「表面の投影」を受けて、いわば、「ああ、これが自分なんだな」という自分のイメージを作りあげるに至っています。そういう二重の意味で、自我は表面だということだと思います。

エスと自我についてだいぶ分かりましたから、心的システムの謎が解明されてきたように思えるでしょう。ところが、事情はさらにもっと複雑だ、とフロイトはさらに続けます。もし自我が知覚系の影響によって変容したエスの一部であるだけだったら話はまだ分かりやすいのだけれども、そうではない、とフロイトは言います。人間は、エス由来の願望をときには抑えないといけない、だからそのためのもう一つ別のシステムが必要だ、と言うのです。

自我から超自我へ

動物の場合は、自我は、外的現実を知覚によって把握し、それとエスの間の調整のみしていればいいかもしれません。餌が目に入ったから食べよう、異性の匂いがしたから近づこう、敵が見えたから逃げよう、ということでいいのです。

動物の世界には人間の世界のようなタブー、すなわち「何をしてはならない」といった決まりごとというものは、例外はありますが、基本的には存在しません。

近親姦は人間社会ではタブーです。一方動物の世界では、近親姦を回避するシステムが高等動物の場合には存在することもあるようですが、それは人間社会におけるタブーというのはだいぶ異なっています。

人間にはタブーがあって、それが自我の仕事を複雑にします。エス由来の願望が存在して、自我はその願望を現実的な世界の中で達成できるのかどうかを、知覚系を通して判断しなければならないわけですが、それればかりではなく、

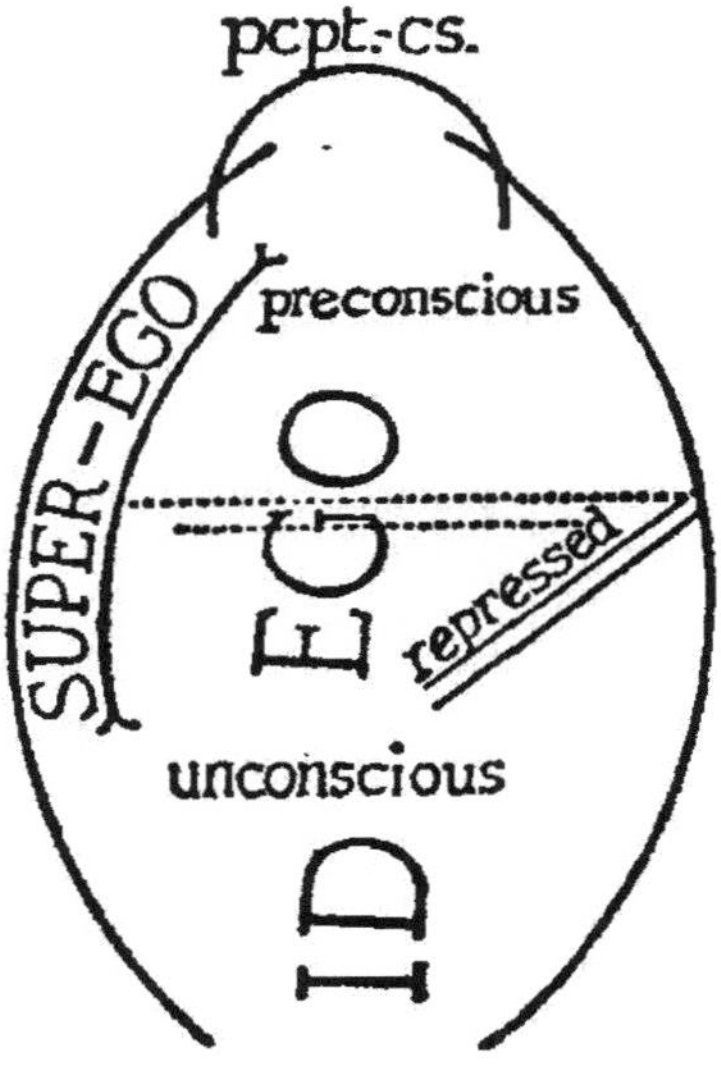

図6　フロイトの構造モデル2（Freud, 1933）

今度は、そもそもその願望が許されるものなのかどうかも判断しなければならないからです。そして、願望が許されるものなのかを判断するのが**超自我** *superego* というものだ、とフロイトは言いました。結局、自我は、一方にはエスの願望、そしてもう一方には超自我があって、いわば板挟み状態になっています。図6は、そのように自我がエスと超自我の板挟みになっていることを示したフロイトの図です。

超自我の一部は意識なのですが、かなりの部分は無意識です。ですから、自分では意識していないのにもかかわらず、**罪悪感** *a sense of guilt* を抱えている人が結構いるものです。何か酷い罪を犯してしまってそれで罪悪感に苛まされるというのならばよく分かることでしょう。問題は、罪を犯していないにもかかわらず、まるで罪人のように感じてしまっている人がいるということです。そういう人に、「そんなに自分を責めなくてもいいですよ」と言ってもあまり効果がありません。なぜならば、本人は自分の罪悪感を意識していないからです。それでは、「あなたは罪悪感を抱いているんです」と教えてやればよいかというと、それでよい場合もありますが、いつもそれでうまくいくというものでもありません。罪悪感を意識させればいい、という発想ですが、そもそも罪悪感を意識できないのには理由があるから無意識になっている場合があるからです。

対象への備給と同一化

そのような場合、その罪悪感のもとになっている超自我がそもそもどこに由来しているのか、ということが分析される必要があります。結論から言うと、典型的には超自我は同一化の産物です。ここで「喪とメランコリー」で論じた同一化のメカニズムが再び出てきます。

フロイトは対象への備給と同一化の間の関係について興味深いことを言っています。エスが対象への備給を諦めることができるのは、同一化によってだけである、というのです。対象への備給というとややこしいですが、対象への愛と考えると分かりやすいと思います。深く愛した対象を真に諦めるためには、自分の一部が対象のようになってしまわないといけないということです。「喪とメランコリー」の中では、正常な喪においては世界が変わってしまうけれども、自我が変容してしまうことはない、という話をしました。分かりやすく図式化するとそうなのだけれども、正常な喪であっても、失われた対象が、かつて深く情愛を向けていた対象であったら、その対象を失うことは自分の一部が失われるような体験であって、やはり自我は何らかの変容を被ることでしょう。

恋愛関係における別れを思い浮かべるといいかもしれません。短く浅い付き合いだったらそういうことはないかと思いますが、長く深い付き合いだったら、別れはカップルのそれぞれに対して、何らかの変化を残すことでしょう。そのことを同一化という言葉で表しているのです。対象を本当に諦めるためには、対象を同一化という形で内在化するしかない、というのは不思議なようで、でも納得できそうな気がするのではないでしょうか。

別れなければ、たとえば結婚したら、そんなことはないのではないか、と思う人もいると思います。でも、それでもいつかはある種の離別がおとずれるものです。いつかはどちらかが先に死ぬから、というだけではなく、いくら相思相愛でも、相手が自分と一心同体ではないということ、相手には、自分と向き合っているだけではなく、別の面がある、ということにやがては気づかされます。そういうことも含めると、別れというものは、深い関係にある二人の間には必ず生じるものだと言えます。

そういう広い意味での別れ、対象を失うということが恋愛関係よりもずっと早く起こる親密な関係といったら、皆さんは何を思い浮かべるでしょうか。フロイトは、三歳から五歳ぐらいの物心がつきつつある子どもの心に生じる変化に着目しました。その時期の子どもは、ある意味で両親を失って、両親と、それまでとは別の関係に入っていく、というのです。

三歳ぐらいまでの小さな子どもは、両親に、特に異性の親に、特別な情愛を示すものです。それは、それ以降の情愛とは性質が違います。フロイトは、子どもの最初の同一化の影響が広範で持続的であることを示しました。同一化は発達段階のさまざまな過程で起こるのだけれども、父親的、母親的対象との同一化が、当然のことながら最も強力なものだ、というのです。

三歳ぐらいになると、それまで自分だけを見てくれていると思っていた親（男の子の場合特に母親、女の子の場合特に父親）が、もう一人の親（男の子の場合特に父親、女の子の場合特に母親）とも深い関係を持っているという事実に気づきます。それはもう、大変大きな喪失です。男の子の場合、もう母親の愛を独り占めにすることはできません。そして父親との関係も変わってきます。父親は、突如ライバルになってしまうからです。ある意味で、両親とこの時点で一度別れるのです。女の子の場合も同様です。

男の子と女の子はその後どうなるのか。フロイトは、両親と同一化することで子どもはこの大きな喪失を乗り越える、と論じました。男の子も女の子も、母親と父親のそれぞれとの、二つの同一化を成し遂げるのです。ただ、男の子と女の子では同一化の程度が異なっています。男の子は父親とより強く同一化して、女の子は母親とより強く同一化します。ここでの同一化するというのはどういうことか分かりにくいと思いますが、次のように説明すると分かりやすいでしょう。男の子は、父親から母親を引き離し、母親を独占する願望を捨てる代わりに、父親のようになって、母親のような女性を愛することを望むようになる、ということです。

フロイトは、人の性格は、諦めた対象の蓄積によって形成される、と言っています。諦めた対象の最初のものは父親と母親です。小さな男の子は、父親と母親を諦めることで、言い換えれば、自分の思い通りにならない存在だと認めることで、逆説的ですが、初めて女性を愛することのできる男らしい男になる、ということです。この過程を通して出来上がるのが、超自我です。

エス、自我、超自我と見てきて、フロイトの構造論の全貌がだいぶ明らかになってきました。エス由来の願望、自我による現実の知覚、超自我による願望の禁止について話しました。この三つ巴の状況がフロイトの構造論の要諦です。

ところで、実際の精神分析で何をするのか、というと、もちろんいろいろたくさんあるのですが、一つの指針は、エス、自我、超自我のそれぞれとそれらの関係を分析していく、というのが構造論から導かれるものです。実際、エス、自我、超自我の分析は精神分析の重要な要素です。エスがどうなっているのか、エス的なものの表れがどこに見えるのか、それに対する禁止がどうなっているのか、患者の超自我はどうなっているのか、なぜこの患者はそのような超自我を持っているのか、超自我はエスをどのように扱っているのか。そのようなことを分析していきます。そしてそういう話を突き詰めていくと、一つの重大なテーマに突き当たる、というのが、第3講でも話したように、フロイトが父親の死後、自己分析の中で経験したことでした。それが**エディプス・コンプレックス** *Oedipus complex* です。もう少しエディプス・コンプレックスの話をしたいと思います。

エディプス・コンプレックス

フロイトの父親は一八九六年に亡くなったのですが、その後に、フロイトは自己分析というものを始めました。第3講でも触れましたが、当時精神分析家はフロイト以外にはいなかったので、自分で自分を分析するしかありませんでした。ですから、自己分析です。その中でフロイトは、自分が母親に対して特別に深い情愛を向けていたということ、そして父親にはライバル心のような感情を向けていたということに気づきます。その自己分析の過程の中でフロイトはエディプス神話に自分と同じテーマを見つけたのでした。それで、フロイトは、「これだ、これこそが精神分析において一番重要なテーマだ」と考えるに至ったのです。

エディプス神話

エディプス神話とは、次のような話です。テーバイにライオスという王様がいました。妻のイオカステとの間に子どもができたのですが、そこに、「この子は、父親を殺して母親と結婚するだろう」という忌まわしいアポロンの神託がありました。そこでライオスは、神託通りになって自分が殺されてしまわないように、生まれた子どもを捨てることにしました。しかし、その子どもであるエディプスは、拾われてコリントスの王家で育てられ、立派に成長しました。ある日ライオスが家来たちを連れて旅をしていると、たまたま出会った一行に殺されてしまいました。ライオスを殺した者は、ライオスの妻であるイオカステを妻に娶りました。ところが実は、ライオスを殺したのは、別の王家で育てられて成長した息子エディプスでした。エディプスはイオカステと話をしていくうちに、自分がかつてライオスとイオカステが捨てた子どもであったことを悟ります。エディプスは深く絶望しました。父親を殺して母親を娶ってしまったのですから確かに最悪です。エディプスは絶望して、自分で自分の目をつぶして、狂気に陥って、乞食としてさまようことになりました。そういう悲劇です。

フロイトは、この神話が人生で最初の三者関係の問題を示していると考えました。三者関係は、三角関係と言い換えてもよいでしょう。フロイトは、人間の悩みは突き詰めればこの三者関係の悩みで、精神分析の核になるのはこの三者関係の分析だと考えました。

エディプス・コンプレックスは、異性の親に対する情愛と同性の親との間の両価的な情愛から成り立つ大変複雑な問題を示しています。この問題をそのままにしておくと、後からいろいろと問題が出てきてしまいます。たとえば、目上の同性に対して極端な敵意を持ったり、極端な恐怖心を持ったりするようになってしまいます。過度に反抗的な人になったり、過度に迎合的な人になったりするのです。

エディプス・コンプレックスについて、フロイトはさらに議論を展開させています。異性の親の愛を独り占めにできないことに気づくということは、同性の親の禁止に気づくということです。男の子の場合、父親によって男性器を切断される不安、すなわち**去勢不安** *castration anxiety* を感じるものだ、とフロイトは言いました。父親が実際に男の子に去勢の脅しをしているのかどうかはここでは問題にはなっていません。大切なのは、そういう**空想** *fantasy* を男の子が持つに至っているということです。これが超自我の具体的な帰結の典型です。男の子は、去勢不安のために情愛の対象としての母親を諦めます。すなわち、父親の代わりになることを諦めるのです。そして代わりに、先ほど同一化の説明のところでも話しましたが、父親のような男性になり、母親のような女性と結ばれることを望むようになる、というのです。

一方、女の子の場合、去勢は懸念すべきものではなく、すでに起こっていることだ、とフロイトは言いました。すなわち、**去勢の事実** *fact of castration* が問題になる、というのです（Freud, 1928）。そして女の子は、去勢の事実を否認しようとして、自分にはない男性器の代わりに子どもを欲しがるようになる、とフロイトは主張しました。この辺りは、正直苦しいところです。男の子の場合の方がずっとうまく説明できているように思います。女の子は、父親のような男性にめぐりあって、子どもを産むことで母親のような女性になろうとするという主張だけであれば、もっと受け入れやすいところです。

嫉妬と羨望

三者関係においてライバルに向けられる感情を**嫉妬** *jealousy* と言います。一方、二者関係におけるそれに近い感情を**羨望** *envy* と言います。「あなたは、私以外の誰かと良い関係を持っている、それが嫌だ」というのが嫉妬です。一方、「あなたは私が持っていない良いものを持っている、それが嫌だ」という気持ちが羨望です。ですから、フロイトの考えでは、精神分析で扱う感情の中心は嫉妬である、とも言えます。このフロイトの考えを、それ以降の、特に自我心理学派の分析家はそのまま踏襲しています。一方で、現代の他の学派の分析家の多くは、二者関係の方に強調点をシフトしています。エディプス・コンプレックスの分析の重要性は、フロイトの時代と比べると、現代の精神分析では相対的なものになっています。

エディプス・コンプレックスが問題になる時期を**エディプス期** *oedipal period* と言います。男根期とほぼ重なり、年齢で言うと、大体三歳から五歳ぐらいに相当します。一方、エディプス期以前時期を**プレ・エディプス期** *pre-oedipal period* と言います。こちらは二歳以前です。三者関係の成立する以前の話で、母親あるいは母親的対象との二者関係が重要な時期です。精神分析の関心はエディプス期からプレ・エディプス期にシフトしてきているということ、それは対象関係論や自己心理学の貢献の結果であるということを押さえておいてください。

陰性エディプスとエディプス・コンプレックスの衰微

エディプス・コンプレックスが異性の親に対する情愛と同性とのライバル関係や両価的態度から成り立つことを話してきましたが、ここで、**陰性エディプス** *negative Oedipus* という概念を紹介したいと思います。普通のエディプス・コンプレックスは、正確には**陽性エディプス・コンプレックス** *positive Oedipus complex* です。一方、陰性エディプス・コンプレックスは、男の子の場合で言えば、女の子のように振る舞って、父親に対して情愛を寄せて、母親に対して敵対的態度を見せるようなあり方のことです。

少しややこしくなってきました。要はこういうことです。多くの場合、男の子は陽性エディプス・コンプレックスを示して、父親とライバル関係に陥ります。しかし、父親があまりにも強大であったりすると、父親とライバル関係に陥るのが耐えられなくなってしまいます。そういうときに、一気に自分のあり方を反転させて、女の子のように振る舞って、父親に情愛を寄せて母親とライバル関係にあるように振る舞うようになる、ということです。それなら、父親に去勢されてしまうことはないのでひとまず安心、というわけです。この発想の背景には、人の基本的な**両性性** *bisexuality* がある、とフロイトは考えました。人は誰でも、男でも女でも、男である面と女である面がある、というのです。

そしてフロイトは、エディプス・コンプレックスが何らかの形で終わり、落ち着くとき、四種の追求、すなわち、男性性、女性性、それらの陰陽、の追求が合算されて一本化する、と言っています。そして、エディプス状況がこれらのどちらをもって終わるかは、男性性と女性性の素質の相対的な強さによる、と述べています。

禁止と理想

エディプス・コンプレックスを経ることで、自我の一部が変容して、それ以外の自我と対立することになる、とフロイトは述べています。それが超自我です。フロイトは、超自我をエディプス・コンプレックスの**跡継ぎ** *heir* と呼びました。

超自我はそのようにして出来上がるので、その機能を平たく言うと、それは誰を愛してはいけないのか、ということを示す機能と、誰を愛するのがよいのか、という指針を示す機能の二つから成り立っています。前者の機能は、**禁止** *prohibition* を示す機能と言えます。こちらが、**狭い意味での超自我**です。一方、後者の機能は、**理想** *ideal* を示す機能と言ってよいでしょう。そのまま理想でもいいのですが、何の理想かと言えば、意識に近いところでの自我の理想ですので、**自我理想** *ego ideal*（英）*Ichideal*（独）と言います。

超自我による禁止と理想についてもう少し話ししましょう。超自我は、父親および母親との同一化によって作られますが、特に父親との同一化が重要だと言われています。これをしてはいけないとか、こう生きるべきだ、といったメッセージは、主に父親あるいは父親の機能を持つ人から来るものだと考えられています。

「喪とメランコリー」のところで論じたように、同一化というのは、こころの中に対象を取り込む内在化の過程の最終段階です。取り込み方が徹底しているので、もはや自分が何かを取り込んだという感覚はなくなり、自分の一部になりきっています。どういうことかというと、たとえば皆さん、お腹がすいていて食堂に行ったら、お金を払うでしょう。デパートの地下の食料品売り場に行って、おいしそうなものが並んでいるのを見て、いきなり手でつかんでそれを食べ出す人はいないでしょう。「あれ食べたいな、でもお金払わないといけないということになっているし、まずはお金を払おう」と意識的に考えて判断しながら行動をするわけでもないと思います。それは、こういうことはしてはいけないとか、このようにするべきだ、などといった判断をする機能が無意識化されているからです。社会の規範を示す父親的対象との同一化によって、善悪を判断する**審級** *agency* としての超自我が無意識の中に出来上がっているからです。

善悪を自分で判断していると私たちは考えるようになっているけれども、それはもともと、父親的機能が担っていたもので、それを徹底的に取り込んだ結果そう感じられるようになっています。「お金を払わないでこれを食べたら社会の規範に反することになるので、父親にかつて去勢されそうになったように、また罰せられてしまうから、レジに行って料金を払わないといけない」などと、意識的に思ってお金を払うわけではないのです。

エスと超自我の関係

逆説的に聞こえるかもしれませんが、超自我というのはエスと密接な関係があります。超自我はエスの影響のもとで形成されるのでした。今ここに、エスの願望があるとします。たとえば、人生で最初に出会った異性である母親や父親を独占したいという願望を持つとします。その願望を現実世界で実現しようとすると問題が生じます。ですから、ある種の自我の変容が起こらなければいけません。自我の一部がエスの願望の影響下に変容するのです。母親や父親を独占したいという願望は禁止されることになります。禁止されないと近親姦になってしまうからです。自我の変容が起こるのはこういう場合だけではなくて、変容は実はいつも起こっています。私たちはいつも現実に対処しているからです。ただ、禁止に関わる機能を作り出すように自我が変容したものを特に超自我と呼んでいるわけです。したがって、超自我はエスの願望を知っているのです。

臨床的に考えると面白いことが見えてきます。強い禁止というものは強い願望とセットになっている、ということです。どういうことかというと、過剰に自分に禁止をしている人というのは実は願望が強いのかもしれない、ということです。何々をしてはいけない、と強く禁じる人は、何々をしたいという願望が強いのかもしれません。

たとえば、過剰なまでの善良さを持った人に出くわすことがあります。非常に親切で、周囲に気を遣って合わせようとしているのですが、少しそれが行き過ぎて、無理をしているように感じられるような人がいます。そういう方の中には、強引に人を支配したいという願望を持っている人がいます。そういうことを私たちは臨床経験の中で知るわけです。そういう人は支配的になることを強く禁止しているのですが、それは実はむしろ支配願望が強いからなのかもしれません。

自己愛

次に自己愛の話をしたいと思います。**ナルシシズム** *narcissism*（英）*Narzissmus*（独）は、日本語でいうと**自己愛**です。自己愛の強い人を**ナルシシスト**あるいは**自己愛者** *narcissist*（英）*Narzisst*（独）と言います。「ナルシスティックな人」とか「自己愛的な人」とか、さらには「ナルな人」とか、いまでは日常会話でもよく用いられる言葉ではないかと思います。

なぜここで突然自己愛の話なのだろうと思う方もいるかもしれません。実は、自己愛論というのは精神分析の大きなテーマの一つです。自己愛は、対象とのかかわり方の一つの極端なあり方のことです。正常では対象に情愛が向かうのですが、自己愛では対象ではなく自己に情愛が向かいます。対象について、そして対象関係についてここまで話してきたので、自己愛についてここで考えておく必要があります。

精神分析の考えでは、人と人とのつながりは、リビドー概念や対象概念を用いて考えることができるのでした。自己愛も同じように、リビドーと対象という言葉で説明することができるのです。自己愛は、一言でいうと、対象にリビドーが注がれる代わりに自己にリビドーが向けられている状態です。

自体愛、一次自己愛、二次自己愛

ただ、フロイトはそこで止まりませんでした。フロイトは、自己愛はさらに**一次自己愛** *primary narcissism* と**二次自己愛** *secondary narcissism* に分けて考えることができる、と言いました。一次自己愛は、外的対象にリビドーが向かう前に、対象として自己が一次的に選択されている状態、すなわちリビドーによって自己が備給されている状態を指します。一方、二次自己愛においては、一次自己愛に引き続き、外的対象が対象として選択されたのちに、再び自己が対象として二次的に選択されて、リビドーによって自己が備給されている状態を指します。

興味深いことに、フロイトは、一次自己愛の前にさらにもう一段階ある、と言うのです。それをフロイトは、**自体愛** *auto-erotism* と呼びました。これはどういう状態かというと、対象不在の状態で満たされている、という状態です。一次自己愛と二次自己愛はまだ分かりやすいかもしれませんが、この自体愛というのは分かりにくい概念です。イメージとしては、リビドーを電気のように想像してみるならば、自体愛とは自分自身が帯電しているような状態と言えるでしょう。電気が自分自身に注がれていれば一次自己愛で、もともと自分に注がれていた電気が自己を離れて対象に注がれるようになると二次自己愛、電気の流れになる以前の段階で自分自身が帯電していたら自体愛、という感じに思ってもらったらよいかと思います。

フロイトの自己愛論の中で重要なのは、自己愛は対象への備給を欠いているために、転移を形成せず、したがって、分析不能であるということです。転移については、前に、無意識へのルートの一つとして話しました。後でも話しますが、過去の重要な対象に向けて注がれていたリビドーが今ここにいる分析家に向かうことで、過去の状況が現在に再現されるということが起こるからこそ、分析が可能になる、すなわち過去の病理を現在において治療できる、とフロイトは考えたのでした。ですから、転移を形成しない場合、分析することができなくなるのです。そして分析不能な病理の代表が自己愛であるとフロイトは考えました。他に、精神病も分析不能だとフロイトは考えました。フロイトによると、精神病というのは、世界からのリビドーの撤収です。したがって、精神病も分析できないとフロイトは考えたのです。

実はその後、自己愛の精神分析的な治療論が登場します。ですから、自己愛の分析というのは現代精神分析の達成の一つです。でも、フロイトの時代には自己愛論はまだまだ発展途上でした。自己愛論については、第10講と第13講でさらに詳しく話します。

第6講　死の欲動

死の欲動

今回は、死の欲動について話します。死の欲動については、第3講の欲動の説明のところで少し触れました。死の欲動のフロイトの議論はとても刺激的なものでした。ただ、発想が斬新すぎたせいか、いろいろと疑問が残ったままになってしまいました。精神分析を文学や哲学などを考察するために参照する人たちとっては、非常に興味深いものだったのではないかと思います。しかし、患者さんを相手に実際に精神分析を行う臨床家にとっては、死の欲動というものはそもそも存在するのか、そして、仮に存在するとしてそれがどういう意義を持つものなのか、疑問の余地の多いものだったのです。フロイト以降の精神分析家たちは、さまざまな学派的立場から、この概念についていろいろ議論してきました。死の欲動という概念の歴史は長いのですが、現代的なトピックの一つであり、今でもときどき精神分析の専門誌上で論じられることがあります。

これまで、対象に向かう本能について話してきました。情愛というのは、対象に近づいていく方に、平たく言えば、対象と仲良くなる方に向かうというものです。自己愛は、リビドーが対象に向かう代わりに自分自身に向けられる事態を指すのでした。それでも、向けられるものはリビドー的な情愛です。一方死の欲動は、全く反対の方に向かうものです。

先ほど言ったように、死の欲動は、精神分析家の間では意見の分かれる概念です。理屈として面白いのは間違いありません。「人は本能的に死に向かっていくんだ」と言われると、言われてみればそうかもしれないという感じもしますし、どこか深淵な考えのような気もします。でも、臨床的には、少し無理がある感じがする、という意見が多いように思います。

攻撃性というものが人間には備わっているということには多くの分析家が同意するでしょう。しかし、死の欲動が人間に備わっているかというと、首をかしげる分析家が少なくないように思います。臨床場面におけるこの概念の有効性は、少なくともそのままの形では疑問です。たとえば、「先生、私、死にたいんですけど」と言われたときに、「それはあなたの中の死の欲動が作動しているからです」と返したり、あるいはそうは言わなくてもこころの中でそういう理解を持っても、実際の臨床場面ではほとんど助けにならないからです。ただ、あとで述べるメラニー・クラインのように、フロイトの死の欲動論の土台の上に独自の精神分析理論を構築していった分析家もいますから、死の欲動というのはやはり非常に重要な概念であり、だからここでしっかり取り上げる必要があります。

欲動二元論

死の欲動についてここから詳しく考えてみたいのですが、その準備として、欲動の話にさかのぼりましょう。欲動についての議論に関連してすでに何度か繰り返し言っていますが、精神分析の一つの特徴は、こころと身体の接続性について考察している点にあります。そういう意味で、精神分析は、こころをこころとしてそれだけを取り出して考えるような純粋な心理学とは違います。フロイトの生物学的なバックグラウンドも大きく関係していて、心的な世界というものが身体と連結している結果、われわれのこころが何らかの課題を背負っていると考えるわけです。この連結の結果、こころに作業が要求されること、それが、欲動の生物学的な次元でした。われわれは、自身の存在の生物学的次元に常に駆り立てられているわけです。これは「本能とその運命」（Freud, 1915）の中でフロイトが展開した議論です。

生物的に駆り立てるものとしての性的なエネルギーについては、比較的分かりやすいのではないかと思います。生物は種を保存する必要がありますから、本能として性欲というものがあるということは分かると思います。あるいは、性欲よりも広く、相手を求める欲求がある、と考えるとさらに分かりやすいかもしれません。

フロイトは当初、本能の一つとして、自己保存本能というものを考えていました。性的な本能すなわちリビドーに加えて、あとは自己保存本能というものがある、と考えていたのです。ところが、ここでフロイトは「快感原則の彼岸」（Freud, 1920）の中で、その考えを見直しました。人の本能には二つあるという考えは変わっていないのですが、リビドーと自己保存本能ではなくて、リビドーと死の欲動がある、と考えを改めたのです。

ところで、このフロイトの「快感原則の彼岸」という論文ですが、ドイツ語の原題は、"Jenseits des Lustprinzips"です。英語では、"Beyond the Pleasure Principle"になります。これは、「欲（Lust）」の「原理（Prinzip）」の「あちらの（jene）」「側（Seite）」と分解して理解することができます。ですから、「欲原理のあちらの側」でもよいのですが、それでは少し締まりがないので、代わりに定訳が二つあります。一つは、人文書院の『フロイト著作集』シリーズの中のもので、そちらでは「快感原則の彼岸」とあります。もう一つは、岩波書店の『フロイト全集』シリーズの中のもので、そちらは「快原理の彼岸」になっています。ドイツ語の元々の意味を理解していれば訳はどちらでも良いと思うのですが、ここでは「快感原則の彼岸」の方の訳を主に使っていきます。

フロイトは、なぜ人は快感原則に反することを、要するに快感ではないことを反復的にしてしまうのだろう、という問いに直面しました。この時代は、第一次世界大戦があったばかりでした。悲惨な戦争が終わったばかりという文脈があって、さらにはフロイト自身の死期も少しずつ近づいている時期でした。フロイトは一八五六年生まれですから、六〇代半ばです。自分の健康状態にも不安がある中で、人は本当に快感原則だけで説明されるものなのか、という疑問があったわけです。

反復強迫

反復強迫 *repetition compulsion* という概念があります。人は同じことを反復的に繰り返す傾向がある、ということです。快感を伴うことを繰り返すのならば理解できます。ところが、人は、不快であるにもかかわらず同じことを繰り返すことがしばしばあるものです。精神分析を実践していく中でフロイトが気づいたのは、そのような、**快感原則では説明のつかない**反復強迫がしばしばみられる、という謎でした。それがなぜなのかについてフロイトは考えました。

反復強迫とはどのようなものか、フロイトはいくつか例を挙げています。一つは、外傷が原因で引き起こされた**外傷神経症** *traumatic neurosis* の場合です。もう一つ、**戦争神経症** *war neurosis* も挙げています。この戦争神経症ですが、ちょうどこの頃は、第一次世界大戦が終わった頃です。ですから、戦場で酷い目に遭って帰ってきた帰還兵がたくさんいたわけです。

夢は願望充足だという話をしました。フロイトは、たとえば、サクランボを食べそこなった子どもが、サクランボを一杯食べた夢を見るとか、あるいは誰かに殺意を持っていた人がその相手が死ぬ夢を見るとか、そういう夢を報告しています（第４講）。そのように、隠された願望の充足として夢を理解するというのがフロイトの最初の発想だったのです。

ところが、外傷を体験した人や、戦争で痛い目に遭わされた人は、そういう酷い体験を繰り返し夢に見てしまうものです。しまいには、夜中に夢の中の恐怖で飛び起きてしまったりするわけです。このような現象は、今ではＰＴＳＤ（post traumatic stress disorder、心的外傷後ストレス障害）の症状として知られているものです。ＰＴＳＤの患者は、外傷の結果、「また同じことが起こるのではないか」と常に不安な状態に陥ってしまいます。常に過剰に注意を払っているような感じになってしまいますが、そのような状態は、過覚醒状態と呼ばれています。また、感覚が麻痺したような感じになり、物事の見方が変わって、解離状態になったりします。そういう障害が知られているのですが、このような病理は快感原則ではなかなか説明がつかないわけです。なぜわざわざ不快なことを思い出し続けなければならないのか、説明がつきにくいのです。

外傷神経症の性質

そこでフロイトは、まずは外傷神経症というものの性質について改めて考えてみました。するといくつかのことが分かってきました。一つは、外傷神経症は、不意打ちの結果として起こる、ということです。外傷が突然降ってかかって恐怖の体験として感じられるとき、外傷神経症が引き続いて起こる傾向があるらしい、とフロイトは考えました。

外傷神経症のもう一つの特徴は、それが実はさらなる神経症の発生の予防になることだ、とフロイトは言いました。一見矛盾していることのようで興味深いと思います。外傷神経症というのは、外傷を体験した結果、常に不安で、気が張ってしまって、また同じような外傷がいつ来るのか、といつも思っているような不安な状態のことですが、そういう状態にあることが、実は別の恐ろしい体験の予防になる、とフロイトは論じました。いつでも準備してしまっているわけですから、それによってまた同じような恐ろしい体験をしないで済むようになるというのです。不安にはさらなる外傷体験の予防という機能があるのかもしれない、とフロイトは考えました。

さらにフロイトは、外傷神経症の患者の見る夢について触れています。こういった患者は、外傷が起こったときに戻ってしまうような夢を見たりします。このような夢は、願望充足としての夢というフロイトの考えに一致しません。外傷からすっかり回復する夢を見るのだったら願望充足の夢として説明できるのでしょうが、外傷が起こったときに逆戻りするのですから、不思議です。フロイトは、外傷神経症においては、夢の機能は通常とは異なるものになっているらしい、と考えました。**快感原則を超えた何か**がここに作動していることをほのめかしたのでした。

子どもの遊び――快感原則の範囲での反復強迫

ただ、反復強迫が快感原則によっては全く説明することができないものかというと、そうでもなさそうだ、とフロイトは続けています。フロイトはいろいろ考えているうちに、不快なことを繰り返しているように見えるけれども、よく考えると快感原則でぎりぎり説明可能なものもあることに気づきます。

フロイトは、ある子どもの遊びにおける反復強迫について論じています。糸巻き遊びに興じる一歳半の男の子の話をフロイトは例として挙げています。実はこの男の子はフロイトの孫なのですが、この子が、お母さんが出かけてしまっていなくなった後に一人で遊んでいました。その遊び方なのですが、糸巻きを遠くに放り投げて、「いないFort（独）」と言って、それからひもを引っ張って引き戻し、今度は「いたDa（独）」と言う、というものでした。そのような、いわば「いないいないばあ」のような遊びを、繰り返していたのです。

その子はお母さんがいなくなっても泣いたりはしなかったようなのですが、それは、お母さんがいなくなったことに関する心的な苦痛を、その子が独自の方法でうまく扱うことができていたからだ、とフロイトは考えました。では、お母さんがいなくなっても全くなんともなかったのか、というと、決してそうではありませんでした。心的な苦痛は確かにあったのですが、その糸巻き遊びの中で、糸巻きを自分の視界から遠ざけて「いない」として、でも自分で引っ張ってきて見つけてやっぱり「いた」という形にすることで、お母さんがいなくなってしまったという苦痛にある種のコントロールが利いた形にしていたのです。お母さんに去られてしまったことの苦痛が、受動的なものから能動的なものに転じたのでした。

まとめてみると、この場合の反復強迫は、繰り返すことによってある種のコントロール感を得ることに関係している、とフロイトは考えました。これで、快感原則の範囲で説明される反復強迫の例が示されたことになります。コントロール感の獲得が見込めるのだったら、苦痛の先にコントロール感にまつわるある種の快感が待っている、ということになりますから、最終的には快感原則に沿っています。一見不快なことを反復強迫しているように見えるけれども、実はこれもまた、最終的には快につながる、だからこそ反復している、ということです。

ここまで来ると、「なんだ、やっぱり反復強迫も快感原則なのか」と結論したくなるかもしれません。ただ、外傷神経症の夢の場合にみられるように、フロイトは、それでもやはり快感原則では説明できない反復強迫の世界があるのではないか、と考えました。

仮想的な系——「小胞」

そこでフロイトは、ある種の仮想的な系を考えてみることにしました。内部と外部をもつ一つの仮想的な系を考えて、外部から何か刺激が入ってくる、と考えてみました。そのような系において、外傷というものがどのようになっているかを考えてみることにしました。外傷というものを、単細胞のような「小胞」を仮定して、考えてみることにしたのです。

この「小胞」にとって外傷というものは何なのかをフロイトは考えてみました。小胞は、外部から自らを守るような、刺激保護のための膜をそなえているとします。今外部から入ってきた刺激が、その刺激保護の膜を通り抜けて、内部に入ってくることを考えます。もし刺激保護が刺激に対して不十分だと、内部では処理しきれなくなるほどの量の刺激が内部に入ってきてしまうでしょう。そのような事態を外傷と考えればよいのではないか、とフロイトは考えました。

外部から大量の刺激が刺激保護を突破して流入してきて、内部での処理が追いつかなくなる、という今述べたような事態を、もう少し詳細に検討してみましょう。

刺激保護と拘束

人から酷く批判的なことを言われても、外傷になる場合もあれば、ならない場合もあるように、外部から刺激保護を突破して刺激が内部に入ってきたら必ず外傷になるかというとそうではありません。内部でうまく受け止めてやることができれば、外傷にはならないでしょう。ですから、刺激保護の突破は外傷の一つの条件ではありますが、外傷になるためには、もう一つの条件が満たされなければなりません。

すでに分かる通り、フロイトによれば、そのもう一つの条件とは、刺激が内部で処理しきれなくなることです。ここで内部で行われる処理のことを、フロイトは**拘束** *binding*（英）*Bindung*（独）と呼んだことを思い出して下さい（第2講）。この拘束という言葉は、臨床場面で用いることはほとんどなく、主に理論的議論に使われる言葉です。心的エネルギーを処理して、こころの安定性を保つことを可能にするような調整のシステムのことですが、それができない場合に、こころはいわば無秩序状態に陥ってしまいます。

第2講そして第3講で話したことの復習になりますが、自由な心的エネルギーに秩序を与えるのが拘束の機能です。自由な心的エネルギーは一次過程に属するものでした。心的エネルギーを拘束することによって、一次過程的なこころの状態が二次過程的なそれに変換されます。一次過程は無意識的で、因果律や時間性、論理性が保たれていないこころの世界でした。一方で、二次過程とは、意識的な世界、因果律、時間性、論理性などと関係しているのでした。

一次過程、二次過程、そして拘束というこれらの概念はなかなか分かりにくいものなので、先ほど話したような外傷や刺激との関連で、もう少し補足しましょう。これらは非常に抽象的な概念なのですが、細かいことはさておき、たとえば、「あなたは最低の人間だ」などと、今誰かに何か酷く批判的なことを言われたとしましょう。それに対して、「この人の言っていることはこういう意味だな。どうなのだろうか、その通りなのだろうか。そんなことはない、腹が立つな。いやもしかしたらそうなのかもしれない。自分はどうしようもないな。でもどうなのだろう。こう言われて腹が立ったり、どうしようもないと自分が今感じているということは何を意味しているのだろうか」などと、言われたことの意味や妥当性、さらにはそういうことを言われたことを自分がどのように感じているのか、などといったことについて十分に考えることができていたら、それは批判的な言葉という刺激の拘束がうまく行っていることを指していると言えるでしょう。平たく言えば、刺激はこころによってしっかり受け取られているのです。

ところが、拘束がうまく行っていない状態というのは、先ほどの酷い批判が、そのまま直接こころの中に入って来てしまい、かつ、それに対して何も反応できずにその批判がこころの中にそのままに留まってしまう、ということです。批判されたという事態を全く検証できず、その意味について考えることも、そういうことを言われた体験についても何も感じられないような状態、それが、拘束が全然なされないまま、自由な心的エネルギーが心に流入し、とどまってしまっている状態である、と考えればイメージしやすいかもしれません。

刺激の内的な源

次にフロイトが考えたのは、刺激はこれまで外部からのものだけを考えていたけれども、そればかりではなく、こころの中から刺激が出てくる場合もあるのではないか、それならば、そのような刺激の処理はどうなっているのだろうか、という問題でした。外部から入ってくる刺激はもちろんあるのだけれども、もし内部から刺激が発生する場合もあるとしたら、それもまた処理が必要だろう、という話です。

なぜここで内部が出てくるのか、外部を考えるだけでよいのではないか、という考えもあるかもしれません。ただ、刺激が外部だけから来る、と考えてしまうというのは、本能というものがある以上、難しいことのように思えます。精神分析は、この本能を拡張したような概念である欲動というものを人間の動機付けの中心に据えたのでした。フロイトが内部からの刺激を考えるのは当然だったのです。

さて、この内部からの刺激に対しても、外部からの刺激と同様に考える必要があります。やはり、拘束しないと、こころがかき乱されることになってしまうはずです。同様に拘束しないといけないばかりか、実は、内部からの刺激は外部からの刺激よりもずっと厄介だ、とフロイトは言いました。なぜなら、外部からの刺激に対しては刺激保護があって、それを突破した刺激だけが内部に到来するのですが、**内部からの刺激は最初から内部にある**からです。内部からの刺激に対しては、外部からの刺激に対しての場合とは違って、刺激保護が全く機能しません。

快感原則の彼岸

この内部からの刺激についてさらに考えなければなりません。フロイトはそれまで、内的な刺激は主に性的なものだと考えていました。(注7) しかし、内的な刺激はどうも性的なものだけはなくて、何かとてつもなく破壊的な性質をもったものなのかもしれない、とフロイトは仮定してみたのでした。それがフロイトのいう**「悪魔的な」力***'daemonic' force* (Freud, 1920, p. 35) です。こういう力が内部から突き上げてくる状態では、こころは外部からの刺激に対してのように、しっかりとその力、心的エネルギーを拘束することができないというのです。

そういう状態で、心には一体何ができるのでしょうか。外傷神経症の患者は外傷が起こったときのことを繰り返し思い出すことで、常に準備状態でいるのでした。その結果いつも不安になってしまうのですが、準備状態にあることで、さらなる驚きはなくなります。同じように、一つの可能性は、刺激を拘束する世界すなわち二次過程の世界をあきらめて、一次過程の世界にとどまったまま、**反復強迫** *repetition compulsion* することです。**とにかく反復すること**、そのことを通して、こころの内部から突き上げてくる破壊的な力を扱うこと、処理することができるかもしれない、とフロイトは考えました。これが**快感原則の彼岸**の世界です。

精神分析プロセスにおいては、合理的な思考によってはとても理解できないようなことが起こることが知られています。患者さんの中には、何度も何度も子ども時代の辛い体験と同じような体験を繰り返す方がいます。たとえば、虐待的な関係を繰り返し持ってしまうような方です。親に虐待されて育ったような方は、快感原則にしたがうならば、虐待が終わることを願望するはずです。したがって、以前体験した関係のあり方とは正反対の関係を求めるはずだ、と考えられます。ところが実際にはそうなりません。むしろ逆です。酷い体験を子ども時代にした方は、むしろそれを大人になっても繰り返し体験する傾向があるのです。

夢においてもそうです。外傷のシーンを何度も夢見るのです。そして、治療においても同じです。分析家との間で、繰り返し外傷的な体験をしてしまったりするのです。そのように動いてしまう傾向をこれらの患者さんは持っています。

快感原則によれば、人のこころは快を求めるものです。ところが、そうはならずに、「悪魔的な」力に乗っ取られて、繰り返し悲惨な体験をする傾向が人にはある、とフロイトは言いました。その内的な源が**死の本能** *death instinct* あるいは**死の欲動** *death drive* だ、とフロイトは考えました。

死の本能というと、「人は死にたいということか?」と疑問を感じる人も少なくないかと思います。人が本能的に死にたいと感じるというのは、それはないのではないか、という意見です。しかし、死の本能は、「死にたいという本能」というよりも、**物事のより早期の状態** *an earlier state of things* を回復するような本能である、とフロイトは論じました。

(注7) 内的な刺激とは、言い換えれば、欲動に由来する刺激のことである。フロイトは欲動として一番重要なものとして性的欲動(リビドー)を考えていたが、それ以外に、自己保存欲動というものがあると考え、この二つからなる欲動二元論を考えていた。第3講を参照のこと。

快感原則にもとづいて、外傷を拘束して、二次過程的なこころを獲得できればそれはそれでよいのですが、問題はそういうことが可能になる以前の時期です。そういう発達最早期は、快感原則の当てはまらない、死の欲動とそれによって引き起こされる反復強迫の世界がある——それがフロイトが到達した世界観でした。

クラインと死の欲動

以上がフロイトについての死の欲動の議論ですが、死の欲動がその後の精神分析の流れの中でどうなったのかについて少し話したいと思います。死の欲動に忠実だった精神分析家の代表に、**メラニー・クライン** *Melanie Klein* という女性の分析家がいました。極めて創造的な仕事をした方で、その仕事は今でも頻繁に参照されています。

クラインは、生まれてすぐに死の欲動が作動するため、赤ん坊は生後直後から生きるか死ぬかの抜き差しならない状況に置かれる、と主張しました。赤ん坊がものすごく泣いている状態を皆さんも知っていると思いますが、あれは死の欲動が作動しているからだ、とクラインは考えました。だから絶望的に泣いている、というわけです。赤ん坊がそれをどうするのかというと、死の欲動由来の攻撃性を空想の中で母親に投影する、しかも母親全体にではなくて、赤ん坊にとって差し当たってもっとも重要な母親の身体部分である乳房に投影する、とクラインは考えました。その結果どうなるかというと、赤ん坊の内的な脅威は減って、束の間の平穏を味わうことができるのですが、しかし今や、投影された攻撃性によって乳房は悪い対象に変化してしまっているので、今度は乳房に迫害されるように赤ん坊は体験する、というのです。別の危機が訪れてしまうのです。

クラインは、こういう攻撃性の投影による悪循環から抜け出ることが赤ん坊には必要だ、と言いました。大人の精神分析においても同様です。自分の中に激しい攻撃性を抱えている人はそれをしばしば外部に投影するけれども、それでは根本的な解決にならないので、そこから抜け出ることが精神分析の目標になります。

今の話の後半の、悪循環から抜け出ることが重要だというところは受け入れやすいのではないでしょうか。でも、前半の、赤ん坊が生後直後から生きるか死ぬかの大変な状況に置かれるというのは、頷きがたい方も少なくないのではないかと思います。それが正しいのかどうかは別として、死の欲動というものを本当に字義どおりに受けとると、そういう理論構成にならざるを得なくなります。死の欲動論というのは、理論的にも臨床的にも精神分析家の中では意見が分かれるところです。

第7講　古典的精神分析技法の確立

技法論とは

今回のテーマは技法論です。今までフロイトのいろいろな理論的概念を紹介してきましたが、精神分析理論を構成するものの中で非常に重要なものとして、技法論というものがあります。実際の治療方法を精神分析技法といいます。その理論が技法論です。こころをモデル化して、精神病理を理解しても、それだけでは治すことはできないわけです。そこで、技法論というものが必要になります。

ただ、精神病理の理解がないと技法というものも生まれようがありません。一般に、病理を理解してはいないけれども治すことはできる、ということはあまりありません。なぜ効果があるのか分からない薬というのは精神科領域には実は結構あるのですが、基本的には、理解と技法は並行して発展していきます。

フロイトが実際に精神分析をどのように行っていたかということですが、フロイトの精神分析の技法は、精神分析理論と足並みを揃えて発展していったものです。理論的な発展があって、臨床上の発見があって、また理論的な発展があって、と、それを繰り返しながら発展していったのです。

たとえば、患者に話してもらうことをめぐっての技法ですが、当初フロイトは催眠法を用いていました。患者を催眠状態にして、それでそれまで抑えられていたものを話してもらう、という方法です。ところが、中にはなかなか催眠にかかってくれない患者がいたのです。それで今度は、前額法という、額に手を置くことで抑えられていたものがこころに浮かびやすくなるという方法に変えました。ところがそれでもなかなか思うように話せない患者がいました。話せない理由があったからです。そこで今度はその話せない理由というのを知りたいところですが、話せない理由を知るためには、額に手を置いて話させるよりも、こころに思い浮かんだことを自由に話すように患者に指示した方がよい、とフロイトは思い直しました。このように、精神分析の技法は試行錯誤の繰り返しでした。

フロイトはいろいろな論文の中で技法について書いているのですが、よく参照されるのが、フロイトが一九一〇年代前半に著した『技法についての論文集』*Papers on Technique*（Freud, 1911-1915）です。それ以外のところでも、フロイトは精神分析の技法についていろいろ述べています。

ここから話すのは、主にこのフロイトの技法論についてですが、一部、フロイト以降のフロイトに忠実な分析家たちの議論も含まれています。

精神分析技法論の確立

フロイトが築き上げた技法体系を**古典的精神分析技法** *classical psychoanalytic technique* と言います。フロイト以降の精神分析技法は、古典的精神分析技法に向き合う中で出てきたものです。フロイトの技法論との関わり方は、それをほぼそのまま踏襲するか、あるいはそれを修正しつつ踏襲するか、あるいは真っ向から反対するのか、いろいろあるのですが、とにかく、フロイトの技法論が大前提で、それを踏まえた上でどうするのか、精神分析家は皆、頭を悩ませてきました。それが精神分析技法論の歴史です。**古典的精神分析** *classical psychoanalysis* という言葉があるのですが、それは、フロイトの技法、および、それを若干修正あるいは発展させた精神分析技法を用いる精神分析のことを指します。これからこの古典的精神分析について話していきます。

適　応

最初に、精神分析の**適応** *indication* について話しましょう。適応というのは、医学用語で、ある病気を治療するのにどの治療法が使われるのか、ということを指す言葉です。たとえば、がんに対して、化学療法が適応になる、とか、手術が適応になる、というふうに使われます。フロイトによれば、精神分析の適応は、一言でいうと、**精神神経症** *psychoneurosis* です。

どういうことかというと、神経症にも実はいろいろあって、現実的な問題があって神経症になる場合というのが知られています。たとえば、性欲に満たされていないこと、あるいは逆に性的な過活動、そういうことのために神経症の症状が出ている状態があって、**現実神経症** *actual neurosis* と呼ばれています。そういったものは、確かにリビドーの問題が関係しているのですが、精神分析で治すのは難しいのです。なぜかというと、そこには、分析すべき心理的メカニズムがないからです。何かが少なすぎる、あるいは多すぎるのが問題なのです。ですから、もし現実神経症の精神分析をするとしたら、リビドーが満たされないとか、過剰だとか、そういう話をすることになってしまいます。でもそれは、今まで見てきたように、リビドーの向けられ方に問題があるとか、リビドーが過剰に抑圧されて身体領域に向かってしまったとか、そういった問題を分析するような神経症の精神分析とはだいぶ違ってきます。

一方、こういったリビドーの紆余曲折やそれに対するこころの働きがはっきりとあるのが精神神経症です。そしてこの精神神経症こそが精神分析の適応であって、現実神経症は適応にはならない、それがフロイトの考え方でした。

フロイトが精神分析の適応にならないものとして考えたものは、現実神経症以外には、精神病です。精神病というのは、リビドーの向け変えの問題以前のレベルでの破綻です。あるいは、自己愛性パーソナリティ障害などの自己愛病理も適応にはならないとフロイトは考えました。(注8) なぜなら、自己愛病理においては、リビドーが分析家に向いてこないわけです。なぜかというと、自己愛の話をしたときに説明しましたが、自己愛というのはリビドーが自分自身に向いてしまった状態です。そういう状態の患者は、自分自身ですでに満たされてしまっているので、分析家は患者の関心の対象になりません。したがって、自己愛者は**転移を起こさない**とフロイトは考えました。だからフロイトは自己愛病理を精神分析の対象にしていませんでした。

もっとも、それ以降の古典的精神分析の流れの中で、実は自己愛病理の少なくとも一部は、精神分析あるいは精神分析的セラピーの適応になっています。実際、自己愛者は精神分析的な治療を受けに来る人のかなりの割合を占めます。先ほど「自己愛者は転移を起こさないと言ったのに、なんでそんなことが可能なのですか?」という疑問が浮かぶかもしれません。それは、フロイトの頃と比べて、精神分析は転移の概念というものを拡張し、発展させてきたからです。

(注8) ここでは分かりやすくするため、精神病と自己愛を別の病理として扱ったが、実際は両者の関係はもっと複雑である。フロイトは、精神病においては、リビドーの対象世界からの撤収が起こっている、と論じた。その意味で、精神病は、自己愛病理のより深刻なサブタイプである、と考えることもできる。

どういうことかというと、自己愛者には、フロイトの意味での転移が見られることはないかもしれないけれども、「先生は最高の分析家だ」というふうに、相手を**理想化** *idealization* したり、「先生は駄目な分析家だ」と**脱価値化** *devaluation* したりする傾向があります。そういうものもある種の転移だと考えて、自己愛病理に対して精神分析的な治療をするのが可能になっています。自己愛者は確かに従来の意味での転移を起こさないかもしれないけれども、それは**自分と相手の区別がついていない**からです。リビドーが自分自身に向いているというのはそういうことです。自己愛者が相手を理想化したり脱価値化したりするのは、**相手を自分の延長として捉えている**からです。

適応について、フロイトは年齢についても述べています。フロイトは、精神分析をするのは五〇歳ぐらいまでが良い、と言いました。このように年齢で区切るのはどうなのか、とも思いますが、このフロイトの考えの意味するところについてもう少し考えてみましょう。

フロイトは、若い方がこころの柔軟性が高い、と考えたようです。柔軟性というのがどういう意味かにもよるのですが、これはある程度、正しいと言ってもよいのではないかと思います。こころの柔軟性は、身体の柔軟性と同じように、年齢と共に徐々に減ってくるものです。ある程度の年齢になったら、それまでのやり方を大きく変える代わりに、それまでのやり方の範囲内で工夫して生きていく方が効率が良かったりします。たとえば、七〇歳か八〇歳になってから、全部やり直すというわけにはいきません。

適応の年齢については、フロイトの頃より拡大されてきています。それでも若い方がよいかもしれません。ただ、若過ぎると、問題が問題として十分に顕在化してない場合があり、精神分析への意欲につながっていない場合があります。たとえば、自己愛者の中には、五〇代ぐらいまで、自己愛的な生き方を貫いていくことのできる人がいます。自己愛的な人が自分の問題に気づかされるのは、多くの場合、現実的な限界に直面させられてからなのですが、人によっては、若い間はそれを能力でカバーできてしまうからです。現実的な限界に直面させられるということはどういうことかというと、たとえば、出世が頭打ちになるとか、健康を損なうとか、そういった状況のことです。しかし、人間は最終的には必ず死にます。それはどんなに能力がある方でも避けられません。ですから、人間の最大の限界は死です。健康を損なうということは、そのような最終的な限界を知らしめてくる出来事です。

若い方は、自分が現実的に死ぬということを比較的考えないでも済むものです。しかし五〇代ぐらいになってくると、深刻な病を患ったり、周りでぽつぽつと同年代の人が死んでいったりするようになります。そうすると、自己愛的な人でも、自己愛的な人に特徴的な万能的なあり方を維持できなくなってくるのです。それで初めて真剣に悩むようになり、精神分析のような治療を受ける動機につながっていくことがあります。

ということで、精神分析のよい適応があるのは、五〇歳までぐらいの比較的若い方だとフロイトは考えました。ただ、最近は人生がフロイトの頃よりも長くなっていますから、精神分析の適応はそれよりもより高齢の人にも広がっていると思います。

設　定

次に、精神分析の設定について話します。精神分析を行うためには、設定をきちんと決めて、それを守ることが重要です。このことはどのような精神療法にもある程度は当てはまることですが、精神分析の場合、このことは特に重要です。

精神分析オフィス

設定には空間的側面と時間的側面とがあります。空間的には、精神分析オフィスは、余分な刺激のない、落ち着いた空間であることが大切です。全く無音のオフィスは難しいと思いますが、静かに話せることが大切です。あとは声が漏れないことが大切です。心地良い場所であることが望ましいのですが、装飾に過度に拘る必要はありません。あと、分析家の個人的好みがあまりにも出るのはよくないとされています。分析家がどういう人物であるかということよりも、患者が自分という人物を自由に探究することができるということが重要です。ですから、分析家の個性は控えるのがよいとされています。

オフィスの中は、あまり模様替えしない方がよいとされています。一定の状態に保っておくと、興味深いことが起こったりします。

ある女性患者は、以前からずっとオフィスにおいてあった置物に、ある日突然気がつきました。新たにそこに置いたわけではないのに、どういうわけか、その時に初めて気づいたのです。「あの置物は、ずっとそこにありましたか?」と聞く患者に、私は「今あなたはあの置物が気になっているのですね」と言いました。そこから、なぜそれが今このタイミングでその女性の目に留まることになったのかの分析が始まりました。

このようにオフィスの中に何か新しいものを見つけたり、オフィスがそれまでとは違って見えたりすることは、多くの場合偶然ではありません。何か患者さんのこころの中に、あるいは患者と分析家の関係に変化が起こって、それが置物の存在が目に留まるという現象を通して表現されている、と分析家は考えるものです。このようなことがあるため、オフィスの中は、ある程度の恒常性を保っておくことが重要です。そうすることで、患者さんのこころの変化を察知することができるのです。

カウチ

オフィスの中には横になれるカウチを置いておきます。精神分析ではカウチを用いることが強く勧められます。例外はあって絶対に必要とまではいかないのですが、精神分析と言えばカウチを用いるものだ、と思っておいてよいでしょう。カウチは、頭の方が少し角度がついて上がっているタイプのものや、フラットなタイプのものがあります。フラットだとすっかり寝ているような感じになるので、私は、頭の方が少し上がっているタイプのものが好みです。

カウチを用いると、ほとんどの場合、患者さんはより自由に話すようになります。治療者への怒りや性的な願望など、対面では話しにくいことも話すようになるものです。一つには、横になることで、身体も心もリラックスしやすいということがあります。寝ている姿勢に近いですから、そのような効果があるのだと思います。また、治療者の表情を気にしなくてよい、というのが大きいでしょう。何かを言って、それに対して治療者が嫌な顔をしたり、興味をそそられるような顔をしたりすると、その話題について話すという行為が影響を受けてしまう可能性があります。実際、カウチを使うと、対面ではなかなか言えなかった治療者への怒りや蔑視感などの陰性の気持ちを話したりするようになります。

患者がどんどんこころの奥底の領域に近づいていくことで、普段は人に見せることのないような、むき出しの感情やコントロールされていない行動を見せるようになることを、**退行** *regression* と言います。こころの奥底の領域というのは、言い換えれば、原始的なこころの領域ということです。それは幼児期に遡ることでもあります。それは精神分析プロセスにとって非常に重要なことです。先ほど述べたようなカウチの特質は、退行促進的、と表現することができます。

この特質のために、精神分析を行うにあたってはカウチの使用が強く勧められるのです。

カウチを用いることは患者に自由に話してもらうのに効果的なので、週一回や週二回の治療でもカウチが用いられることがあります。ただ、私はあまりお勧めしません。特に、週一回の場合は、基本的には対面で行う方がよいと思います。週二回でカウチを用いるのも、よく考えて、そのうえで十分にメリットがあると考えられるときに限った方がよいと思います。

その理由ですが、先ほど述べたようにカウチは退行促進的な働きがあるのですが、退行を促したら、今度はそれをしっかり扱うことができないといけません。週一回や週二回の場合では、それがしにくいのです。カウチに横になってこころの奥底に秘めた幼児的な怒りなどを表現したあと、患者さんは時間が来たらカウチから立ち上がって、翌週のセッションまではそれまで通りの生活をしなければなりません。週三～四回あれば、翌日、翌々日、と話を続けることができます。しかし、週一～二回の場合はそれはできませんから、患者さんには、こころのモードをうまく切り替える能力が求められます。それを持っている人は限られていますので、週一～二回の場合はカウチの使用がそれほど勧められないのです。

頻　度

次に時間的側面についてです。精神分析では週四～五回、一回四十五分から五〇分の分析セッションの予約が入っているという話を以前しました（第1講）。頻度に関しては、フロイトは、週三回ならば場合によってはできないこともないけれども、週二回以下では無理だろうと考えていたようです。具体的には、フロイトは、軽症の場合や、すでに十分に進んだケースを続ける場合ならば週三回でもよいかもしれない、と言っています。ただ、週一回週二回に減らしても何もよいことはないと言っています（Freud, 1913）。

なお、曜日と時間は固定されています。「次は何曜日にしましょうか?」などと決めるようなものではありません。行きたいときに行き、行きたくないときには行かない、というようなものでもありません。患者はその枠に責任を持ってお金を払わないといけない、とフロイトは言っています。たとえば、「あなたの時間は月曜日、火曜日、水曜日、木曜日のそれぞれ午前一〇時」などと決まっていて、それらの時間に対して全部、お金をいただくことにするのがよい、と言っています。

キャンセルについて

このように患者さんに説明すると、「キャンセル料についてはどのようになっているのですか」と聞かれます。「何時間前、何日前だったらいいのですか?」などと聞かれたりするのですが、それに対しては、「いつキャンセルしてもお金はいただきます」と答えるのが一番紛れがなく、また望ましいです。精神分析の実践のためには、ここをしっかりすることが非常に大切です。

たとえば、二十四時間前ならばキャンセル料はいただきません、などと説明すると、しばしば、その直前にキャンセルの連絡が入る、ということが起こります。すると結局精神分析プロセスが妨げられてしまいます。

その理由はいろいろあるのですが、一つには、当たり前ですが、分析家の収入が減るということがあります。ある週のある曜日だけぽつんと一つの枠が空いてしまうと、その時間の分だけ分析家の収入が減ってしまいます。精神分析は、週四～五回のセッションを年単位で続けるものですから、急に、「明後日一時間だけ空いたので分析をします」とか、「来週一週間だけ四回分空いたので来てください」と言って呼べる患者さんというのはいないのです。一日だけとか一週間だけ分析をすることはないからです。週四～五回の枠をその患者のためにずっと先まで確保してしまっている、しかもそれが複数ある、そういったスケジュールで分析家は働いています。いわば、超長期予約の患者だけで成り立っているものです。ですから、時間が急に空くと、分析家の収入が減ります。

「分析家の収入が減るのは分析家の問題で、自分の問題ではない」と患者さんは考えるかもしれません。確かに、一面では正しい意見です。ただ、分析家もお金が要りますから、減った分の収入を何とかしなければなりません。一つの可能性は、キャンセルがあってもよいように、それを見込んで予め料金を設定する、というものです。ただ、そうすると、そうではない場合と比べて、値上げしなければならなくなります。

精神分析家としての仕事を続けるためには、精神分析の実践から安定した収入が得られることが必須です。ですから、多くの分析家は、キャンセル料を全額取るということに患者さんに同意してもらって、そういう条件でならば精神分析を引き受ける、とすることで、キャンセルの問題に対応しているのです。

しかし、キャンセル料を取ることが重要なのは、分析家の収入の安定という外的な理由からだけではありません。キャンセル料についてしっかり考えていないと、実は精神分析そのものが破綻してしまうからです。こちらの方がより重要な理由かもしれません。キャンセル料をしっかり取ることが何を意味するのかについて徹底的に考えていることは、分析家自身と患者の両方にとって重要なことです。

精神分析をしていると、どうしても分析に行きたくない、という日が出てきたりします。しかしそういう日にも分析に来てもらわないと、精神分析は先に進まないものです。

実際に体調が悪いとか、電車が遅れた、とか、そういうこともちろんあるのですが、不思議なもので、キャンセル料をしっかり取ることにする、と決めると、そういうことが減ったりします。これは別に超自然的なことではなくて、本当に強く希望していると、体調に気を配るようになったり、遅れないように気を付けたり、意識せずともセッションに来ることを大切に考えて、行動するようになるかもしれません。その結果、体調が悪くなったり電車が遅れたりすることが実際に減るかもしれません。

もちろんそれでも、キャンセルしなければならなくなることはあります。それで、キャンセル料を実際に取ると、それに大きく反応する患者さんがいます。「自分は何も悪くないのに料金を取られるのはおかしい」と言うのです。でも、自分は何も悪くなくても、相手にとって不都合をもたらしてしまうことというのは、世の中にはたくさんあります。そしてそういうことが起こることを見越して、予めキャンセル料についての取り決めを交わしています。もしそのような取り決めがどうしても嫌なら、そのような取り決めを前提として精神分析を引き受けるような分析家から精神分析を受けることは断念しなければなりません。そのようなキャンセルのポリシーがどうしても受け入れられないのであれば、そういうポリシーを持っていない分析家を探してその方に受けるしかありません。

そういうことで、キャンセルをどのように扱うのかについては、分析家はよく考えたうえで方針を決めているものです。それでもキャンセル料関係でもめることはときどきあって、そこをどう扱うかもまた、分析の重要なポイントです。キャンセル料の問題の背景に患者の**幼児的な願望** *infantile wish* が隠れていることがしばしばあります。患者は、責任は大人である分析家にすべて背負ってほしい、自分は免責してほしい、という願望を持っていることがしばしばあります。たとえば、電車が遅れたり、仕事が長引いたりしてセッションに間に合わないときなど、「自分は何も悪い事をしていないのだから、料金を自分が払わなければならないのはおかしい」と患者さんは言ったりします。

でも、実は患者だけではなく、分析家も何も悪いことはしていないのです。患者も分析家も悪くないのだけれども、突発的な出来事というのは起こるものです。そして、そのように、たまに生じるような突発的な事態で困ったときにどうするか、ということについては、もちろん、患者が払うという選択肢以外にも、分析家がその分収入が減るという形でそれをかぶるとか、分析家と患者が折半するとか、いろいろな選択肢が考えられるのですが、その中から、患者さんが払ってください、という選択肢を選びます、というのが治療開始に当たっての取り決めだったわけです。それ以外の選択肢でもよいという分析家もいると思いますが、多くの分析家は、精神分析をしっかり進めていくためには、キャンセル料を払ってもらった方がよい、と考えています。

いろいろ理由を説明しましたが、要するに、キャンセル料をめぐる取り決めというのは、「私は一人の大人としてあなたの精神分析にコミットするので、あなたも患者として、精神分析が続いて行くようにコミットしてください。私は精神分析を行うという役を責任をもって担いますから、あなたはそれに対してお金を払うという役をしっかり担ってください」という取り決めを交わす、ということです。

そこがしっかり理解されると、患者はむしろ自由になります。精神分析に遅れて来たり、休んだりして、それでいて罪悪感に苦しめられたり、怒ったりしないですむようになります。本当はセッションに行くのがあまりにも難しいような状況なのに「今日行かないと先生が機嫌を損ねるのではないか」、「行かないとやる気のない患者だと思われるのではないか」などと考えて無理して行く、ということをしなくてよくなります。キャンセル料を払うことで、分析家に対する経済的責任を果たすことになります。すると、どうしても都合がつかないときには堂々と休むことができるようになります。それが大人と大人の間の信頼にもとづく関係です。

訓練を受けた精神分析家は、ここを適切に扱うことで、分析を進めていくことができます。しかし、この辺りをうまく扱えないと、分析家と自分という関係の中で患者がかつての幼児的願望を繰り返しているという事実から、患者と共謀して目を背けてしまうことになってしまったりします。これはまずいことです。

自由連想法

続いて、古典的精神分析技法を構成する主要な概念について説明します。最初に、**自由連想法** *the method of free association* です。心に浮かんでくることを、全部、包み隠さずに言いなさい、と指示する技法です。言いたくない、と思うことでも言わなければなりません。と言いますか、言いたくないと思ったら、ますます言わなければいけません。それは身体的な感覚でもよいし、特に治療者について浮かぶことは言ってください、と指示します。

カウチを用いて自由連想法を指示すると、患者の思考はどんどん原始的なものに近づいていきます。他の言い方をすると、**一次過程思考**に近づいていきます。そうやって、こころの原始的な部分を表現してもらうことが無意識を知る手がかりになります。こころの原始的な部分は、幼児的な部分でもあります。

自由連想法を指示する際にしばしば使われるたとえは、フロイトのたとえですが、電車に乗っていて、窓から見えている外の風景をそのまま隣の座席の人に伝えるように話してください、というものです。こういうものが見えてきました、というふうに説明してもらうのです。実は、そう指示したからといって患者が実際にその通りにしてくれるかどうかというのは分からないのですが、まずは指示がないと難しいと思うので、指示します。

ただ、自由連想法というのは、現実にはそうすぐにはできないものです。心に浮かんでいるのに、隠したり、重要ではない、と勝手に考えて切り捨てたりするわけです。

ある男性患者は、あるとき「先生、実は車を買ったんですよ、一カ月前に」と言いました。一カ月前に車を買うという大きなことがあったのにもかかわらず、彼の自由連想の中にはその時までその話題が入っていませんでした。私は、その事実をまずは男性に突きつけるところから介入を始めました。直面化(注9)と呼ばれる技法です。私は、「車を買った話を聞くのは、今日が初めてですね」と言いました。そのあと、車の購入に関する話が続きました。その中で分かってきたのは、新しく車を買いたいとずっと思っていたけれども、それを私に話すと止められるような気がしたので黙って購入したこと、そして、黙って購入してしまったために、購入のあとも長らく私に言えなかったことが明らかになりました。私は、彼の願望と行動を抑える人物として彼のこころの中に存在していたのです。

車のような大きな物を買うのに、それが精神分析の経過中に患者の頭に全く浮かんでこないわけはありません。この男性は浮かんでいたことを意図的に話さないようにしていたのでした。これは自由連想法に対する**抵抗** *resistance* の一種です。

抵抗一般についてはあとでもう少し話しますが、ここでは、精神分析における自由連想の指示が、抵抗が現れてくるということを見越して、それを織り込んでなされている、ということを理解しておくことが大切です。今の例のように、大切なことを言わなかったということがあとから分かった場合に、なぜ言えなかったのか、ということを分析するところまで一度戻ります。**抵抗の分析** *analysis of resistance* をするのです。そうすると、たとえば、「車を買うお金があるのだから、分析の料金ももっと払えるはずだ」などと分析家が値上げを請求してくるのではないか、という不安が患者の中にあったことが分かってきたりします。搾取されるのではないか、という不安です。他にもいろいろな可能性があります。何か性的な意味での不安があったのかもしれません。自分の主体性を分析で奪われている感じがするから、行動化として車を買ったのかもしれません。そして、そういうことを悟られて分析されるのが嫌だから話さなかったのだ、などと、こころの動きの話をしていきます。

自由連想法は、今言ったように簡単にはできないことですが、実際に可能かどうかは別として、ある種の理想形として考えて、私は基本的には最初に自由連想法を指示するところから精神分析を始めることにしています。

平等に漂う注意

平等に漂う注意 *evenly suspended attention* という概念があります。これは、分析家が患者の話を聴くときに保つべき心構えを指す概念です。フロイトによれば、分析家は、自分の主観的な期待や先入観、思い込みなどをすべて棚上げにして、話されていることのどの部分にも特別な注意など向けずに聴かなければなりません。これは非常に大切なことで、精神分析的な聴き方の特徴です。患者には、頭に浮かんだことはすべて、選択したり批判したりすることなく話さすように、という自由連想を指示するわけですが、この平等に漂う注意という概念は、それに対応する分析家側の態度を表しています。

中立性

中立性 *neutrality* という概念があるのですが、これはどういうことかというと、患者のこころを正確に知るためには、

（注9）このように、ある事実に着目し、それを患者に端的に突きつける技法を直面化 confrontation という。直面化は、しばしば、ある事象の無意識的意味に言及する解釈 interpretation の前段階である。

そこに余計な負荷をかけてはならず、患者のこころがどこに向かうかに影響を与えないようにしなければならない、ということです。精神分析の言葉を使うと、エス、超自我、自我のどれにも加担してはいけない、と表現することができます。

具体的には、精神分析家は安易に意見を表明してはいけないということです。たとえば、患者が、「今度、車を買いたいと思っているんです」と言うとします。それに対して分析家が、「ああ、それはいいんじゃないですか」などと言ってしまうのはよくないこととされます。その理由は、それでは、ある特定の願望を肯定して促すことになってしまうからです。ここで車は、精神分析の言葉を使えば、エス由来のリビドーの対象を表していると考えられるわけです。そういう対象を手に入れたいという願望は一体何なのか、なぜ今ここでそのような願望が出てきているのか、その発達的起源は何か、さらには転移的文脈は何か、そういうことを問わずに、単に是認していることになってしまいます。逆に、「買うのはやめておきましょう」と言うと、超自我に加担することになってしまいます。願望を単に否定することになってしまいます。すると、車を買いたいという気持ちを否定してくるような超自我機能の分析ができなくなってしまいます。そして、最終的には、エスの欲求と超自我の監視の狭間に立たされている自我の分析をしなければならないのですが、単に何かを肯定したり、否定したりすると、そういったことがすべて吹き飛ばされてしまいかねないのです。だから中立性が大切だ、ということになります。

匿名性

次に、**匿名性** *anonymity* という概念があります。たとえば、「先生はどこに住んでいるんですか?」というような質問に「私はあなたの町の隣の町に住んでいます」などと答えたり、「先生は今日は疲れているように見えますが、昨日はよく眠れたんですか？」という質問に「昨日は出張から帰ってきて、なかなか寝付けなかったんです。それで今日は少し疲れています」などと答えるというのは、古典的技法では問題だとされています。分析家がどのような人間なのかについての情報を最小限にする、できる限り匿名の存在として分析家が振る舞う、それが匿名性の原則です。

匿名性の原則を破ることの何が問題なのかというと、今の例で言えば、患者は、疲れているように見える分析家を前に、いろいろな空想をするものだからです。

ある女性患者は、「今日は先生は疲れているようですね」と言いました。続けて、「昨日のセッションで私が先生を批判するようなことを話したので、先生は疲れてしまったのではないかと思って」と言いました。また、ある男性患者は同じように、「今日は先生は疲れているんじゃないかと思って」と言いました。その理由は最初はよく分かりませんでした。しかしやがて、その男性が、その前日の夜私が女性と性的に盛り上がり過ぎたために今日は疲れてしまっているのではないか、と空想していたことが分かりました。

こちらが質問に答えてしまわなければいろいろな空想が患者から出てくるかもしれないのに、先に答えてしまうと、あなたの中のそれらの空想は違います、というメッセージを患者に送ってしまうことになります。

患者の内的な空想が語られるのを待つ必要があるのですが、匿名性の原則を破っていろいろ言ってしまうと、現実の話になってそれで終わりです。そうではなくて、空想の世界に入っていかなければならないのであって、だからこそ匿名性の原則が大切になるのです。

禁欲原則

次に**禁欲原則** *the principle of abstinence* というものがあります。これは、患者の願望を満たしてしまうこと、たとえば、患者が「先生、私を好きになってください」というようなことを言ったり、そこまで言わなくてもそのような願望を持っていることが分かったときに、それを満たしてしまうことを禁じる原則です。満たしてしまうと、それ以上、探究はできなくなります。精神分析はある種の欲求不満の下で行われなければなりません。それはなぜかというと、欲求不満の下で行わないと、欲求不満という事態が十全な形で表現されてこないからです。

「私を好きになってください」というようなリクエストは実際にはほとんどありません。そういうあからさまなリクエストよりもはるかに多いのが、もっと微妙なリクエストです。そういうリクエストに対しても、同じように禁欲原則を保たないと分析はうまく進まなくなってしまいます。

たとえば、先ほどキャンセルについてだいぶ話しましたが、キャンセルに関するリクエストについて、禁欲原則という観点から考えてみましょう。キャンセル料を払ってもらうと取り決めをしているにもかかわらずそれを免除するというのは、特別な扱いや例外的な扱いをして欲しい、という患者の幼児的な願望に応じることになります。このような幼児的な願望は、究極的には、自分は悪いことはしていないのだから、分析家に無料で分析をして欲しい、という願望につながりますが、それらの願望を満たすのではなく、願望の由来や内容について分析することこそが分析するということです。すなわち、キャンセル料を取るということの一つの説明は、禁欲原則から導かれるものなのです。

このように、禁欲原則は精神分析技法の重要な基本の一つです。分析家は、患者の願望を安易に満たさないように注意して分析を進めなければなりません。別に不親切な人になりましょう、と言っているわけではないのです。親切であることは一般に良いことだと思うのですが、何が親切であることなのか簡単には分からないものです。親切にしようと思ってしたことで分析が思うように進まなくなってしまうのだとしたら、それは長い目で見ればむしろ不親切なことをしてしまったことになるのです。

抵　抗

自由連想法のところで**抵抗** *resintance* について少し話しましたが、もう少し話しましょう。精神分析や精神分析的セラピーの症例検討会などでしばしば耳にするものに、「この患者は抵抗しているのではないですか？」というものがあります。治療に抵抗している、ということなのですが、精神分析の世界では、この言葉は一般的な意味ではなく、専門的な意味で用いられています。ですから、この抵抗という概念が何なのか、ということについて話したいと思います。

精神分析プロセスが先に進むのを妨げるような、邪魔するような要因のうち、主として患者の側の要因とされるものを、抵抗と呼んでいます。精神分析が先に進むということは何なのか、という問題を考え出すと実は複雑なのですが、ひとまず、こころのことが前よりも分かってくるということが先に進むということで、それを邪魔する患者側の要因と思われるものは、全部、抵抗と呼ぶことができます。

ですから、精神分析や精神分析的セラピーを受けていない人は抵抗しません。そもそも精神分析プロセスがないのですから、進むも進まないもありません。このように、抵抗は、基本的に、理論的な概念というよりも**臨床的な概念**です。精神分析を受けたら抵抗しそうな人でも、精神分析を受けていなければ、それは単に、そういう人だというだけです。

抵抗にはいろいろなものがあります。抵抗が心的装置のどの部分の機能によってもたらされているのか、すなわち、抵抗の**構造モデル的な分類**を考えると分かりやすいです。まず、エス由来の抵抗があって、それは死の欲動のところで話した反復強迫の形を取ることが多いです。次に、超自我由来の抵抗があります。治ることへの罪悪感が典型です。他の多くの抵抗は自我由来です。自我の防衛は抵抗の主要な部分を占めます。**知性化**は自我の防衛ですが、これが抵抗として現れることは非常に多いです。「あなたは怒っているのですね」という分析家の解釈に対して、「先生、怒りとは、どのような意味で言っているのでしょうか?」と答えるようなものです。

もっとも重要な自我由来の抵抗は、転移による抵抗だと言われています。分析家は患者のこころの話を聞きたいのに、患者が来る日も来る日も分析家の話をする、という形を取ります。いつも「先生が云々」という感じになって、患者自身の話が脇に置かれてしまいます。

ただ、転移は最大の抵抗であって、同時に、精神分析の最大の助っ人です。ここが面白いところなのですが、精神分析プロセスの危機は、精神分析の重要な突破口であることが多いのです。転移が強烈なものになっているということは、それだけ重要な何かが転移されているからです。患者の心的世界で重要な何かが、治療者に向けられています。そこで、転移の中にとどまって転移の分析をすることが、困難ではあっても最重要課題になります。

転　移

転移 *transference* の話を続けましょう。転移は、過去の重要な対象に対する気持ちが治療者に向けられることを言います。フロイトが最初に転移を発見したのは、「あるヒステリー患者の分析の断片」(Freud, 1905) という論文に出てくる「ドラの症例」という治療を通してでした。

ドラという若い女性患者は、声を出すことができなくなったり、急に失神したりするようになったためにフロイトのもとを訪れました。フロイトが詳しく話を聞いてみると、両親の親しい友人であるK氏という男性とその妻であるK婦人との間で非常に悩んでいました。複雑なことに、ドラの父親はK婦人と不倫しており、またK婦人はどこか同性愛的な感じでドラにまとわりついていました。加えて、K氏がドラに性的にアプローチしてきたのでした。フロイトはドラの夢分析などを通して、ドラの中の性的願望などを明らかにしていきました。ところが、そこでドラは急に治療を止めてしまいました。

フロイトは、何がよくなかったのかを振り返ってみたのですが、それでようやく、自分がドラが自分に向けつつあった気持ちに気づいていなかったことに気づきました。フロイトはドラの父親のような対象になってしまっていたのです。しかしフロイトはそれに気づかず、かなりどぎつい性的な解釈をドラにしています。その結果、ドラは耐えられなくなって治療を去ってしまったのです。

フロイトがドラの転移に気づいていたら、分析がはるかに進んでいた可能性があります。転移が生じたことで治療は困難なところに差しかかりましたが、それはドラの父親への気持ちが分析室に持ち込まれたことを示しますから、チャンスでもありました。しかしドラの転移は扱われることがなかったので、治療は失敗に終わってしまったのでした。

なお、フロイトが気づかなかったのは転移だけではない、と後の分析家たちは言っています。フロイトは自分の逆転移に全く気付いていませんでした。ドラのような若い女性に対するフロイトの性的な関心や、ドラの治療を成功させたいという野心など、逆転移としていろいろ考えられるところですが、フロイトはそれらについぞ気づかなかったようです。もっとも、こういうケースがあったからこそ、今日転移や逆転移について私たちは理解できるようになったわけですから、フロイトを単純に責めることもできないところです。

陽性転移、陰性転移

転移とは過去の重要な対象に対する気持ちが治療者に向けられることだ、と先ほどいいました。それをもう少し固い言葉で、欲動の対象の転移、と表現してみましょう。この方が精神分析らしいでしょう。欲動にはリビドーがまずあって、あとは、死の欲動あるいは攻撃的な欲動がある、ということについて学びました。これら正反対の性質を持つ二種類の欲動の中でも、リビドーの対象の転移にフロイトは着目していました。ですから、フロイトが考えていた転移は基本的には、好きだとか、親密になりたい、といった、陽性の気持ちの転移です。これを**陽性転移** *positive transference* と言います。

一方で、フロイトは、嫌いだとか、攻撃してやりたい、とか、陰性の気持ちの転移、すなわち**陰性転移** *negative transference* にはあまり注目していませんでした。

フロイトにとって、転移というものは基本的に陽性転移であって、精神分析プロセスを促進するための助っ人のようなものでした。転移が分析家の方に向いてきて、「よし、ここだ」という感じで解釈をきめるような、そういうイメージだったのです。けれども、それが次第に、精神分析の流れの中で、陰性転移の解釈の重要性が前面に出てくるようになりました。今では、転移が語られるとき、その多くが陰性転移についてです。陰性転移を必死に探しているような印象を与える治療経過についてしばしば耳にするようになっています。

それにも理由があって、一つには、陰性転移はより原始的な心的世界の現れである場合が多いからです。もう一つには、陰性転移というのは治療にとって危険なものだからです。なぜかというと、陰性転移をほったらかしておくと、患者は治療を辞めてしまう方にいくことがあるからです。陽性転移は、あまり早めに扱わなくてもよいと言われています。好きで来てくれている分には治療は終わらないのですが、「この分析家は駄目だ、話にならないな」といった脱価値化と呼ばれる態度や、「先生は、自分を嫌っているな」といったパラノイド転移(注10)は、ほったらかしておくと患者が面接に来なくなって、治療そのものの存続に関わります。

最後に、転移というものは、フロイトはより過去の対象に対する気持ちが現在に転移される、と考えたのですが、現代では、こころの無意識的な世界、要するに、こころの内側が、こころの外側である治療者との今ここでの関係のあり方に転移される、というように、過去への言及が減って、より空間的なイメージで語られるようになりました。以上がフロイト以降のことも含めた転移の概観です。

転移抵抗

転移は、分析作業に対する最大の抵抗と言われているということを話しました。**転移抵抗** *transference resistance* と呼ばれる現象です。それはどういうことなのか、分かりにくいかもしれません。陰性転移の場合であればまだ分かりや

(注10) パラノイド転移 paranoid transference。パラノイドという言葉はしばしば妄想的と訳されるが、ここでは、妄想を抱いているという意味よりも、被害を受ける感覚という意味に近い。

すいのではないかと思います。「この人に話しても意味がないな」と患者が思っていたら、それでは治療が先に進むはずがありません。分析家についてのそのような陰性の評価が正しいのか正しくないのかは別として、少なくとも、分析家の側から見たら、患者は抵抗しているように見えるのではないかと思います。

でも、抵抗になるのは陰性転移だけではないのです。陽性転移であっても抵抗になります。分析家に向けられている気持ちが陽性であっても陰性であっても、分析家に抱いている気持ちを、先生に対して○○という気持ちがある、といった話だけを毎回毎回続けて、それで終わってしまうリスクがあるからです。

ある男性患者は、ことあるごとに、私をそれとなく誉めたたえるようなことを口にしました。一方で、他の治療者のことを、「あの先生はレベルが低い」などとけなすことがありました。私は、この患者が私を理想化していることに気づいていました。しかしそれは、私がもっていて彼が自分では持っていないと彼が信じ込んでいる私の何かに対する羨望の裏返しなのだろう、とも思っていました。私を羨ましいと思う気持ちが、裏返って、私を「レベルが低い」とけなしたい気持ちにつながり、しかしそういった気持ちを私に直接向けられないので、他の治療者をけなしているのだろうと、と私は考えました。

そこで私は、「『レベルが低い』とあなたが思っているのは私なのでしょう」と彼に伝えました。彼はそれを認めました。彼の中に私を羨ましいと思う気持ちがあること、そしてそれが私への怒りにつながっていることを私たちは続けて話しました。

その後、彼は私がいかに羨ましいかという話を延々と話し続けるようになりました。私への理想化と、その裏返しの脱価値化を扱うことができたために、転移状況がしっかりと確立されたのです。

そこから、同じような転移状況が長らく続きました。患者が自分の父親を羨ましいと感じていて、同時に父親に対して、殺意に近い激しい怒りを感じていることを話せるようになるまでは、長い間の分析を要したのです。

この例では、治療者が患者が潜在的に抱いていた私への理想化と脱価値化の気持ちを解釈によって明確にしたために、転移がはっきりと理解されることになりました。しかし、分析の本当の始まりはここからです。転移が理解された直後にこの患者に私が「『レベルが低い』とあなたが思っているのはあなたの父親なのでしょう」などと言っても、「いや、父親なんて関係ないんですよ。そうではなくて、私は先生の話をしているんです」などと返されてしまうだけでしょう。転移というのはなかなか解消しないものであり、だからこそ、転移の分析こそが精神分析の最重要課題だと考えられているのです。転移は最大の抵抗だ、と言われるのはそのためです。しかし同時に、転移の分析を経ないでは分析が進むことはなく、だからこそ転移は分析の最大の伴侶でもあるのです。少なくとも、古典的な技法論の中ではそうです。

再構築

それでは、転移の分析が進み、転移抵抗がようやくやわらいでくるとどうなるのでしょうか。転移の解釈はそれ自体が分析の重要な達成なのですが、さらに分析を進めることも一層容易になります。たとえば、過去の再構築をずっとしやすくなります。この段階で、ようやく、「子どものときの両親とのあの体験は、そういうことだったのか」とか、「自分は同性の親に対してこんなにも強いライバル心を感じていたのか」などといった**再構築** *reconstructions* の作業がしやすくなります。最大の抵抗である転移抵抗がなくなっているので、自分の過去を直視しやすくなっているからです。そして、「だから同性の年上の人に対して批判的な考えを持ってしまうと、逆に反撃されるように過剰に恐れてしまって、結果として同性の年上の人の前ではやたらに緊張してしまうのか」などといった、現在の問題に対する**洞察** *insight* も進むようになります。

解　釈

精神分析プロセスの中で、治療者は患者の話すことを解釈していく、ということはこれまでも話したことですが、それでは一体**解釈** *interpretation* とは何なのかということですが、精神分析は無意識的世界を探究するものですから、解釈は、基本的には無意識にかかわるものです。

それでは無意識にかかわる解釈とは何かというと、一番分かりやすいのは、患者の無意識的世界にあると思われるものを、直接指摘するようなものです。たとえば、患者が、自分がいかに父親を尊敬して仲良くしているかということを話したあとで、「あなたは、自分のお父さんに敵意を抱いているようです」と伝えるような解釈です。これは**無意識的精神内容** *unconscious mental content*（Freud, 1905）を意識化すべく行われる解釈ですが、精神分析的な無意識の解釈というと、こういうタイプのものが真っ先に頭に浮かぶのではないかと思います。

ただ、今の解釈は比較的小さな解釈にすぎないもので、それだけでは問題解決にはつながらないかもしれません。無意識的精神内容には言及しましたが、それが問題となっている症状とどのような関係になっているのかには触れていませんでした。ですから、今の解釈を拡大して、「あなたは、自分のお父さんに敵意を抱いているようです。その敵意、そしてそれを抑えようとしているということが、あなたの不安の源です」などとすると、もっと解釈らしくなります。

これは無意識的精神内容に加えて、**防衛**、**葛藤**、そして**症状**にも言及した解釈です。無意識的精神内容に気づくことは、患者に痛みをもたらすことがしばしばあります。だからこそ、そもそも無意識化したのだ、とも言えます。その一連のメカニズムを解釈することも重要です。

ある男子高校生は、自分が自分の父親に敵意を向けているという事実を直視したくないために、代わりに、学校の先生に酷く怒っている友人を宥めたいという気持ちを語りました。私は、「あなたは今、先生に対して酷く怒っている友人を宥めたいと感じているようですが、それは、自分自身の父親に対する敵意をその友人の中にみているからでしょう。そうすることで、あなたは自分の中の敵意が取り除かれていまや友人の中にあると感じているのでしょう」と解釈しました。

この解釈は、**防衛**の一つである**投影**あるいは**投影同一化**(注11)に言及している解釈です。**防衛の解釈**を含んだ解釈になります。さらには、この解釈に続いて、「あなたは今ここで、私に対しても敵意を抱いているのですね」と言えば、加えて**転移解釈**も行ったことになります。

解釈には他にもいろいろなタイプがあります。たとえば、今の状況を早期の発達的状況に関連付けるような**発生論的解釈**というものがあります。そういったさまざまな解釈を適宜行っていくことが古典的精神分析技法の中心になります。(注12)

(注11) 投影同一化については、第9講、および第10講で詳しく取り上げる。

(注12) 古典的精神分析における解釈の技法、およびその他の解釈の技法については、拙著『精神分析的アプローチの理解と実践——アセスメントから介入の技術まで』(岩崎学術出版社、二〇一八) の中で詳しく述べている。関心のある方はそちらを参照していただきたい。

精神分析的観点

ところで、解釈につながるような精神分析的な理解は、どのようにして生まれてくるものでしょうか。精神分析家にとって、理論的なことから解放された自由なこころの状態に自分を置きつつ患者の話に耳を傾けることはとても大切です。とはいえ、全く理論を捨て去ってしまってよいわけではなくて、精神分析的な理解のためのいくつかの重要な観点というものがあって、それらの観点がごく自然に、ほとんど意識されることなく念頭にあり、精神分析家の理解に役立っている、そういうこころの状態にあることが好ましいところです。

フロイトとフロイト以降の分析家たちは、精神分析プロセスで起こることを考える上で、いくつかの観点というものを提示しています。それらの観点から考えると分かりやすいです。それらは、**力動的観点** *the dynamic point of view*、**局所論的観点** *the topographical point of view*、**経済的観点** *the economic point of view*、**構造論的観点** *the structural point of view*、**発生論的観点** *the developmental point of view*、**適応論的観点** *the adaptive point of view* になります。最初の三つがフロイトが言ったことで、残りはフロイト以降の分析家たちが付け加えたものです。

最初に、経済的観点について説明しましょう。精神分析の世界で経済的というときは、心的エネルギーの量と流れのことを言っています。そして精神分析の世界で心的エネルギーと言えばリビドーと攻撃性になりますので、リビドーと攻撃性の量と流れが問題になります。リビドーと攻撃性の量と流れと言われても何のことなのか分からないかもしれませんが、実際の臨床場面では、これはそれぞれ、情愛や思いやり、および怒りや憎しみ、という二種類の情動の大きさ、そしてその推移を指します。

ですから、話の聞き方としては、「この人は、今どんな気持ちなのだろう?」と考えながら聞きます。「最近、新しい車を買いました」と患者が話しているとしたら、「この人は今どのような気持ちでこの話を私にしているのだろう。この人のこの車に対する情愛はどのようになっているのだろう」などと思いながら話を聞きます。すると、その患者の車への情愛が大きなものであることが分かって、一方、その患者があまり嬉しそうにその話をしていない、などということに気づくかもしれません。そうすると、患者はどういうわけかリビドー的な高まりを貯め込んだ状態にあるようだ、と理解されるかもしれません。高まりを貯め込んでいるというのが、先ほど触れた心的エネルギーの流れや推移というものが指しているものです。

他には、たとえば、患者さんが新しい仕事をするとします。その仕事に最初から無関心であるように振る舞う人もいます。そのようなときに、そこに仕事に対する攻撃的な気持ちを読み取るわけです。そしてその気持ちに患者が気付いていないとき、「あなたは、あなたの新しい仕事を嫌悪しているようですね」と言うと、それは一つの解釈になります。そのような一見なんでもないような解釈でも、患者によっては、大きな驚きを与えます。

残りの観点についても簡単に説明しましょう。力動的観点というのは、葛藤の解釈につながるような観点で、相反する二つのものが力関係にあることに目を向けるような観点になります。局所論的観点というのは、どこまでが無意識で、どこまでが意識なのだろう、ということを考えるような観点です。構造論的観点というのは、今、自分が聞いているのはエスのことなのだろうか、それに対する防衛のことなのだろうか、超自我による懲罰のことなのだろうかなどといった観点から聞くということです。発生論的観点というのは、この問題は、この人のこれまでの人生のどこの段階の躓きから生まれたものなのだろうか、という観点から話を聞くという観点です。適応的というのは、この人は現実にどう適応しようとしているのだろうか、という観点です。

ワーキングスルー

ワーキングスルー *working through*（英）*Durcharbeiten*（独）という概念について話しましょう。**徹底操作**とも訳されています。精神分析プロセスは、一度解釈を伝えたらそれで大丈夫、というものではありません。「あなたは同性の年配者を恐れていますが、それは四歳の頃にお父さんに反発を感じた結果、まるで去勢されるような恐怖を覚えたからでしょう」などと、一度解釈を伝えるとします。でもそれだけでは分析は終わらないということです。理解を一度共有すればそれで万事うまく行く、というものではなくて、精神分析プロセスにおいては、同じような理解と体験を積み重ねていくことが必要です。それをワーキングスルーとフロイトは呼びました。

同じようなことを、過去においてもしており、今ここで分析家との間でも繰り返しており、家でも、会社でも繰り返している、そういうことの話し合いを続けていきます。夢の中でも同じテーマが繰り返し出てきたりします。理解と体験が繰り返されること自体に何か根源的な意味があるのです。それで少しずつ変化が起こってきます。

精神分析は、ワーキングスルーを通して少しずつ、それまで無意識の世界に留まっていたものが意識化されていくプロセスなのですが、この「少しずつ」というのが大切です。無意識を一度しっかりと解釈しても、それで分析が終わる、ということはありません。だからこそ精神分析プロセスで大切なのは、頭で理解することだけではなくて、そのことも含む体験の総体だと言われているのです。

転移の意義の変化

　ここで、古典的精神分析技法の話からは少し逸れてしまいますが、現代の精神分析では転移の意義がフロイトの頃とは変わってきていることについて少し述べておきます。

　転移がなぜ最大の抵抗と言われているのかという話をしました。「先生が好きだ」とか「先生が嫌いだ」という話に終始すると、患者の過去の事実の話をする邪魔になるからでした。

　ただ、現代の精神分析では、逆の考え方があります。すなわち、転移は過去の関係のあり方をこれほど熱のこもった形で持ってきてくれるのだから、むしろ過去を知るのに欠かせないものだ、という考え方です。過去と現在とが、深いところでつながるわけです。そのようなわけで、転移は過去を知ることを妨げる障害だ、という考え方から、転移は現在から過去にわたる患者の内的世界の全体像の手がかりを与えてくれる精神分析プロセスの要だ、という考え方に変わってきました。今ここでの転移を十分に分析することこそが大切だ、と考えられるようになったのです。

　現代的な精神分析技法においては、「先生は私に怒っているのだろう。だから、先生は前回休んだのだろう」と思っているのだろう、と分析家が患者に解釈する、というようなものが中心になっています。その上でさらに、「あなたは前々回のときに私のことを批判しましたね。あなたは、私がそれにすっかり怒ってしまって、なので前回、あなたへの怒りからわざと私が休んだ、と、そのようにあなたは思っているのでしょう」という解釈を続けたりします。

　ただ、そのときに、過去に対しての直接的な言及は以前ほどしません。たとえば、「あなたが昔、あなたのお母さんを非難した時、お母さんは酷く怒って、そのあとあなたに仕返しをしてきたとあなたは感じたのでしたね。それで、今ここでも、私があなたへの怒りからあなたに仕返しをした、と感じているのですね」と、過去のことがここに持ち込まれているということを中心に解釈するようなことは以前と比べるとあまりしなくなってきているのです。フロイトは昔、そのような、過去志向的で再構成的な解釈をたくさんしていたわけですが、最近はそういう形で変わってきています。そのことを付け加えておきます。

フロイトの限界

最後に、フロイトの精神分析の限界について話して終わりにしましょう。フロイトは精神分析の創始者で特別な存在ですが、もちろん完璧ではありません。フロイトの精神分析はまだまだ発展途上でした。フロイトは精神分析をたくさん実践していましたが、今の標準的な精神分析とはいろいろと違う点があったことには前にも少し触れました。その具体例として、フロイトの精神分析が今の精神分析と比べると非常に短いものだったことを挙げました（第2講「フロイトを学ぶということ」を参照のこと）。

ここで、もう一つ、フロイトの限界について触れておきます。先ほどの転移の話のところでも触れたように現代の精神分析では、今ここでのやり取り、というものを非常に大切にするようになっています。患者と精神分析家という二人の分析室における出会いがあって、その二人による今ここでのやり取りがあって、そしてそれが過去の状況、そして今の分析室の外部の実生活の状況とオーバーラップして、それらが三つ巴になっているような中で、何か新しい理解や体験が生まれる、それが現代的な精神分析の主流の考え方なのですが、フロイトはそういう考えは持っていませんでした。

フロイトは、「あなたは過去においてこういうことがあって、だからこうなったのですね」というように、説明のような解釈を患者にしばしば与えていました。そのような精神分析のモデルを、**一者心理学** *one-person psychology* という言い方をします。こころは一人のものである、と考える心理学という意味です。こころを顕微鏡で覗いて、「あなたのこころはこうなっていますね、ほら、ここが問題だからあなたはこういう問題を抱えることになっているんですよ」などと説明するような心理学で、それがフロイトの精神分析のモデルだったのです。

現代の精神分析は、**二者心理学** *two-person psychology* になってきているのです。こころは二人で作り上げるものである、と考える心理学という意味です。もちろん、フロイトは転移というものに十分に気づいていましたから、精神分析において二者関係というものが決定的に重要であるということにフロイトも気づいていて、考慮してはいたのです。ただ、それも不十分なものでした。

フロイトにとって転移とは、過去の重要な人物、精神分析の言葉で言えば過去の**対象** *object*（英）*Objekt*（独）に向けられていた欲動や情緒が治療者に向けられる、すなわち転移される、ということを指すものでした。そして、逆転移という現象もあって、それは今度は、転移を向けられた治療者が転移に対して示す情緒的反応である、とされました。フロイトは、分析家の側に十分に分析されていない病理が残っており、そのために分析家が患者に対して特定の情緒を抱いてしまっているような事態への注意を喚起しました。たとえば、分析家が自分の母親に対する怒りを消化し切れていない場合に、女性の患者に対して怒りを抱いてしまっているような場合です。フロイトは、分析家が患者から受ける影響に対して、徐々に注目するようになっていったのです。

ですから、フロイトが、今ここにおける分析家と患者という二人を分析するものとしての精神分析、すなわち二者心理学としての精神分析という観点を全然持っていなかったのかというと、そういうわけでもないのです。

しかし、そのような観点は十分取り上げられるには至りませんでした。フロイトの時代は、逆転移は基本的には治療の邪魔だとされていました。それが変わって、逆転移が治療的に有用なものであるという主張がなされるようになったのは、一九四〇年代末ぐらいから、ポーラ・ハイマン Paula Heimann やドナルド・W・ウィニコット Donald W. Winnicott によってです。フロイトは一九三九年に亡くなっているので、そういう時代の人ではありません。フロイトの精神分析というのは、そういう時代の限界を持つものです。

ということで、フロイトの精神分析は、現代の分析家から見ると、確かに限界のあるものでした。それでも、あるアメリカの分析家は、「フロイトはすごい。言っていたことの半分ぐらいは当たっていた」と言っていました。半分は間違っているわけですが、半分当たっていれば十分だ、ということです。やはりフロイトの先見の明はすごいものがあったと思います。

第8講　フロイトとその追随者たち

精神分析家の集団

ここまで、フロイトの精神分析理論について話してきました。フロイトの精神分析理論の基本や技法論についてある程度分かったと思いますので、今回は精神分析の歴史の話をしたいと思います。

精神分析は、普通の意味での学問とは少し違って、一つの臨床ディシプリンである、という話を最初の回にしました。そのことと関係するのですが、精神分析の世界に深くコミットしていった人たちというのは、精神分析そのものに関心があったのはもちろんですが、フロイトという人物に魅了されて、フロイトについて行った人たちでもありました。ですから、精神分析家の集団というのは、フロイトの**追随者**あるいは**フォロアー** *followers* たちの集団とも言えるのです。

フロイトを読むと分かりますが、フロイトの思索は質量いずれにおいても強烈です。尋常ではなく頭の切れが良くて、大変な努力家で、働き者で、強靭な信念の持ち主でした。そしてフロイトは精神分析のほとんどを一人で立ち上げました。確かに、フロイトの周囲にはいろいろな男性たちがいて、フロイトは彼らを非常に慕っていました。生理学の師匠であるブリュッケや同僚のブロイアーです。パリではシャルコーに魅せられていました。耳鼻科医の友人フリースとの交流もありました。ですが、精神分析理論の大部分はフロイト一人の努力によるところが大きいのです。フロイトは、基本的には一人で努力を積み重ねていくタイプの人間でした。それはそうせざるを得なかったということもあったのだと思いますが、精神分析のような新しい考えを生み出すためには、一人でいることも重要だったのだろう、と言われています。フロイトは、大体二〇年ぐらい、孤独にコツコツ研究と実践を続けていたのです。皆さん、今から二〇年間、ほとんど一人でコツコツ、誰もやっていないようなことを研究し、実践し続けることを想像してみてください。いかに大変なことかが分かるのではないでしょうか。

それで、そういったフロイトの特別な資質に惚れ込んだ人たちがやがてたくさん出てきて、フロイトの追随者になっていきました。そしてそれが一つの運動になっていったのです。精神分析の世界というのはそのように始まって、そしてそれが今でも続いています。

程度の差こそあれ、サイコセラピーの領域はどうも同じような傾向があるように思いますが、特に精神分析の世界では、強烈な能力と魅力を持った人が現れて、それに追随していく人たちが出てきて、それで一つの学派が形成される、ということが多いように思います。飛びぬけた能力を持った人が登場し、そしてその追随者が生まれて、皆で、いわば盛り立てていって、それで一気呵成に何か運動を進めていくという、そういう傾向があります。多分、これはこの分野の特性だと思います。フロイトはその先駆けでした。のちには、たとえばクラインやコフートがそうでした。

精神分析協会

フロイトは、一九〇二年に、毎週水曜日に精神分析に関心のある人たちを集めて、精神分析について侃々諤々《かんかんがくがく》議論する会を持ち始め、それを「心理学的水曜日協会」Psychological Wednesday Society（英）Psychologische Mittwoch-Gesellschaft（独）と命名しました。それが母体となって、のちに、最初の精神分析協会であるウィーン精神分析協会が結成されました。やがて、精神分析を国際化しようという機運が高まって、ＩＰＡの立ち上げにつながっていったのです。

精神分析の中心は大学ではなくて、精神分析協会です。大学を卒業して臨床歴を積んだあと、精神分析インスティテュートに入学を志願し、入学を許可されて初めて精神分析の訓練が始まります。五年から一〇年ほどかけて卒業して、精神分析協会の会員になります。精神分析協会は、定期的に各種のアカデミックな会合を開き、会員の精神分析家たちの交流と向上の場を提供します。それぞれがそこで臨床ケースの発表や、学術的な論文の発表をします。他の会員がそれに対して、あれこれコメントをします。あるいは、他の精神分析協会から講師を呼んできて、発表をしてもらい、精神分析の知見と技術を高めるための参考にします。また、対外的には、精神分析の知見を専門外の臨床家や一般の方に広めるべく、講演会などを主催したり、それを援助したりします。精神分析協会は精神分析インスティテュートを運営し、新しい精神分析家を育てます。精神分析の世界は、そのような組織である精神分析協会を活動の単位としているのです。

精神分析協会の例として、ニューヨーク精神分析協会、ウィーン精神分析協会、ベルリン精神分析協会、英国精神分析協会、日本精神分析協会、ウィリアム・アランソン・ホワイト精神分析協会などが挙げられます。最後の二つは私も所属しています。それぞれにインスティテュートが併設されています。

「水曜日協会」

精神分析協会の母体となった「水曜日協会」についてもう少し話しましょう。その最初期のメンバーは、フロイト以外に、アルフレート・アドラー Alfred Adler、ヴィルヘルム・シュテーケル Wilhelm Stekel、マックス・カハーネ Max Kahane、ルドルフ・ライトラー Rudolf Reitler でした。他にも、次第に人が増えていって、パウル・フェダーン Paul Federn、オットー・ランク Otto Rank、シャンドール・フェレンツィ Sandor Ferenczi がコアメンバーとしてこの「水曜日協会」に参加するようになりました。

他に、ゲストとして参加していた人に、マックス・アイティンゴン Max Eitingon、カール・グスタフ・ユング Carl Gustav Jung、ルートヴィッヒ・ビンズワンガー Ludwig Binswanger、カール・アブラハム Karl Abraham、アーネスト・ジョーンズ Ernest Jones がいました。精神分析およびその周辺の世界では知らない人はいない、錚々たる名前です。

追随者と反対者の出現

精神分析の世界が面白いと思うのは、熱心な追随者が生まれる一方で、**反対者**あるいは**ディシデンツ** *dissidents* も生まれるところです。フロイトの時代から、精神分析の世界にはいつも与党と野党のような二つのグループが存在しました。そしてこの二つのグループが互いに批判し合う中で精神分析は発展してきたのです。

　その構図は、早くもこの水曜日協会の頃にはできてきました。最初期の反対者は、アドラーとユングです。知っている方も少なくないと思いますが、この二人は精神分析の世界を離れて、その後も帰って来なかった人たちです。

　これら最初期の反対者たちにとってフロイトの精神分析の何が問題だったかというと、リビドー論です。性的なものが人を動かしている、というリビドー論はフロイトの精神分析の根幹なのですが、彼らはこの考え方に真っ向から反対したのです。当時リビドー論に反対するというのは精神分析そのものを否定することに近いことでした。その結果、精神分析の世界を離れることになってしまいました。最近はリビドー論にそこまでこだわることはなくなっています。無意識の世界を重視していて、あとは転移を重視していること、その辺がとても重要になっています。

　それでは、先ほど挙げた「水曜日協会」のメンバーのうちの何人かについて、もう少し詳しく話しましょう。

アルフレート・アドラー Alfred Adler（1870–1937）

アドラーの名前は、皆さんも耳にしているのではないでしょうか。最近見直されている「アドラー心理学」のアドラーです。「アドラー心理学」は「個人心理学」とも言います。アドラーは、リビドーではなくて劣等感が人を動かす、と主張してフロイトのもとを去って行きました。しかし、「水曜日協会」の創成期のメンバーで、フロイトの熱心な賛同者だったのです。

　アドラーの本は最近またよく読まれるようになっているようですが、精神分析の訓練の中では、読まれることはほとんどなくなってしまいました。すっかり精神分析の外部の人になってしまった感があります。

カール・グスタフ・ユング Carl Gustav Jung（1875–1961）

もう一人、精神分析の外部に行ってしまった人として、ユングがいます。ユングも精神分析の訓練の中であまり取り上げられることはないのですが、アドラーよりは読まれているように思います。特に、ユングの夢分析の方法は、しばしば精神分析の文献の中でも参照されています。

ユングはスイス生まれの精神科医で、フロイトと最初に会ったときに、フロイトに非常に強烈な印象を与えました。ユングもフロイトに熱烈な関心を向けていて、二人は初対面にも関わらず、共に時間を忘れて話し込んだ、というくらいの人でした。

ユングはフロイトにとって非常に重要な人物でした。ユングの大変に優れた資質のこともあるのですが、ユングはそれ以外の意味でもフロイトにとって特別な意味をもった人物でした。ユングはユダヤ系ではなかったからです。フロイトにとって、そのことはとても重要だったわけです。

以前話したように、フロイトは、ユダヤ人であるためにだいぶ苦労していました。大学でのポジションをなかなか取れなかったのも、フロイトがユダヤ人だったことの影響が大きかったと言われています。フロイトは、自分が打ち立てた精神分析が、ユダヤ人だけのものとして扱われてしまうことを非常に心配していました。ですから、ユングを自分のあとに精神分析の中心に据えれば、何とかやっていけるだろう、とフロイトは考えていました。

ところが、やがてユングはリビドー論を否定しだしました。そして次第に、フロイトの目には、ユングが精神分析を離れて危険な方向に向かっているように映るようになったのです。ユングの、集合的無意識という概念や、神秘的な方面への関心がフロイトを心配させたのでした。ユングも、精神分析の考えに満足できなかったからこそそういうことを言いだしたわけで、結局、同じ無意識を扱いながらも、自分のやっていることを精神分析であるとは思わなくなり、自分の心理学を、**分析心理学** *analytic psychology*（英）*analytische Psychologie*（独）と呼ぶようになりました。

ユング派の分析は、今日では精神分析とはだいぶ違った体系を持つものになっています。技法的なところでいうと、ユング派の分析家は転移分析をほとんどしないというところが精神分析家とは決定的に違うところです。ユング派の分析家の症例を聞くと、夢分析がたくさん出てくるのですが、夢分析をしている目の前の分析家に対する転移感情の分析がほとんどありません。ユング派の分析家に言わせれば、転移現象に着目するよりも重要なことがあって、それはたとえば、無意識のより普遍的な側面に着目することです。精神分析家の目にはそこはかなり異質に映るところですが、無意識を扱うもう一つの心理学体系として、ユング心理学は精神分析の古き良きライバルと言えるでしょう。

シャンドール・フェレンツィ Sándor Ferenczi（1873–1933）

それから、非常に重要な人物として、シャンドール・フェレンツィという人がいます。この人は独特な人でして、長い間、フロイトに非常に近い所にいた人です。フェレンツィはフロイトのことが大好きでした。甘えん坊というのでしょうか、認めて欲しいという気持ちが強い人でした。フロイトも、彼のことを非常に感性豊かで、才能にめぐまれた後継者の一人だと思っていたようです。フェレンツィはフロイトに分析を受けたのですが、期間が短いものだったので、フロイトに対して不満を持っていました。フェレンツィはメラニー・クラインの最初の分析家でした。ちなみに、クラインの二番目の分析家は、カール・アブラハムです。

フェレンツィは、最終的にはフロイトから見放される形になってしまった人です。この人は、非常に素直な方だったのだと思います。そして非常に聡明で、情熱的な人で、自分が相手にとってどんな存在かというのを、忘れてしまう人でした。だから、ある意味、危ういところのある人です。境界がはっきりしていなかったのです。

その一つの表れは、不倫騒動でした。ギゼラ・パロスという人妻とフェレンツィは不倫関係に陥りました。フェレンツィが結婚する前です。ただそれだけではなくて、フェレンツィは、なんと、ギゼラ・パロスの娘のエルマの分析を始めました。それどころか、今度、娘のほうがより好きになってしまって、エルマと結婚したいと思うようになってしまいました。

お母さんとその娘の両方に手を出そうとしてしまったということですが、似たような話として、昔『卒業』という映画がありました。この映画は、大学を卒業したばかりの若い主人公が、人妻と不倫関係に陥って、同時に不倫相手の娘に恋をする、という話です。最後は、この娘の結婚式の場に現れて、娘と一緒に結婚式場から二人で脱出するという、とんでもない、でもどこか爽快感のある映画なのですが、フェレンツィの状況は、その映画とどこか一部重なるところがあります。

ただ、フェレンツィは、「これはまずい」と自分でどうにか気づいて、フロイトにエルマの精神分析の継続を依頼しました。フロイトもこの依頼を引き受けて、フェレンツィはひとまず危機を脱することができました。

しかし、フェレンツィは、十分に反省していなかったのか、フロイトの分析を受けて短期的に調子を取り戻したように見えたエルマを、再び自分のところに戻して、自分との分析を再開してしまいました。そして結局は、エルマの母親のギゼラと結婚しました。今から見ると、無茶苦茶な話です。

他にもフェレンツィは驚くべきことをしています。フェレンツィの『臨床日記』という本があります。この中で、**相互分析** *mutual analysis* というものを実験的に行ったことについてフェレンツィは書いています。フェレンツィのある女性患者は、自分の無意識をフェレンツィが十分に理解できていないのはフェレンツィに問題があるからだ、と主張しました。そして、だから自分がフェレンツィを分析する、と言い出したのです。それに対してフェレンツィは、確かにその通りだ、と言って、自らカウチに横になって、本当にこの女性患者から分析を受け出しました。そういうことがうまくいくわけはないだろう、と直感的に誰でも分かるだろうと思いますが、それが相互分析というものでした。エリザベス・セヴァーン Elizabeth Severn という人がその患者です。患者 R. N. という名前で、『臨床日記』に出てきます。この相互分析ですが、失敗に終わっています。

ギゼラとエルマとの結婚をめぐる問題や相互分析をめぐる問題だけを話すと、フェレンツィというのはとんでもない人だ、ということで終わってしまうかもしれません。しかし、そういう結果的には問題の多い事態に行き着くまでに、フェレンツィはそれまでほとんど語られることのなかった一つの重要な問題について考えていました。それは、それまで精神分析家は、訓練分析を受けることによって逆転移を克服しているような存在だと思われていたのですが、フェレンツィは、分析家の逆転移の問題というものが執拗に分析プロセスに影響を与え続けるという現実を突き付けたのです。精神分析の訓練として訓練分析を受けて自分の無意識を知るということが、一体どこまで可能なのか、ということについて考え続けた人でした。

精神分析家というものは自分の無意識を知り尽くしている、と皆さんは思うでしょうか。そうであるはず、あるいはそうであるべきなのかもしれないのですが、実際にそうなのかというと、実は疑問です。無意識の世界はあまりにも広大で、摑みどころがないところが多く、いくら訓練分析を受けたとしても、それを知り尽くすということはあまりにも難しいことです。

それでは、一体どうしたらいいのか、ということになります。フェレンツィは、それならば自分が患者の分析を受ければよいのではないか、という奇抜な発想の方に行ってしまいましたが、それはさすがに短絡的にすぎる発想でした。相互分析は、言い換えれば、無意識と無意識の対話です。そういうものはそう簡単にできるものはありません。フェレンツィの相互分析の試みは失敗に終わってしまったのですが、この失敗を通して、フェレンツィは無意識の世界の深淵を私たちに教えてくれたと言えるでしょう。自分は訓練分析を十分に受けて精神分析家になったのだから、自分自身のことをすでに十分に理解している、と思っている人が危険な分析家なのかもしれません。分析家は繰り返し精神分析を受け続ける必要がある、と最初に言ったのはフロイトですが、フェレンツィは分析家が精神分析を受け続けることの重要性を、身をもって示してくれたと言えるでしょう。

フェレンツィの有名な論文に、「大人と子どもの間の言葉の混乱」（Ferenczi, 1933）"Sprachverwirrung zwischen den Erwachsenen und dem Kind"（独）があります。この論文を発表したことで、フェレンツィはフロイトの不興を買って、フロイトと決裂してしまう結果に終わってしまいました。この論文は、分析関係における外傷の問題、そして権威の問題を扱ったものです。

フロイトは、今から見ると、性的虐待の頻度を過小評価していました。フロイトは、性的虐待は実際にはあまり起きていないことで、多くの場合は子どもが性的虐待を受けたという空想を持つに至っているだけだ、と主張しました。しかし、それは間違いで、性的虐待はフロイトが思っている以上に実際多い、と言ったのがフェレンツィでした。

この論文の中でフェレンツィは、大人は、子どもが無邪気に大人に対して親しみの気持ちを抱いて近づいて来ると、そのような情愛のメッセージを勘違いして、大人は子どもが自分の性的な欲求を受け入れる準備ができていると勝手に思い込んでしまう、と論じました。そして、そのような思い込みの結果、大人による子どもの性的虐待が起こってしまう、と論じました。欲求をめぐるこの勘違いあるいは思い込みが、フェレンツィのいう「言葉の混乱」です。

そこには、大人と子どもの間のある種の力関係の問題が複雑に関与している、とフェレンツィと論じました。そして、同種の力関係の問題が分析家と患者の間にもある、とフェレンツィは続けました。こういうことはフェレンツィ以前には問題にされることはありませんでした。フロイトの精神分析では、分析家は、訓練分析によって、自分自身の問題についてよく知っている専門家として思い描かれていましたから、分析家と患者の間の力関係は問題になるはずがなかったのです。しかし、フェレンツィは分析家も一人の人間であって、問題のある関係性を持ってしまう可能性があることを指摘しました。

患者は、子どもが大人の欲求や願望に敏感であるのと同じく、分析家の欲求や願望に敏感です。したがって、子どもが大人に合わせるように、患者は分析家に合わせようとすることがあります。だからこそ、分析家は自分の欲求や願望を訓練分析を通して徹底的に探究しなければならないのですが、そのような探究には終わりはありません。分析家が慢心してしまうと、自分の欲求や願望に患者を従わせて、かつそれに気づかないということが起こってしまいます。

フロイトは、最初は外傷が神経症の原因になっていると考えていました。しかし、やがて外傷体験は現実に起こったことではなくて、空想であり、そしてその空想の源になっているのは性的な欲動すなわちリビドーだ、という方向に次第に考えを変えていきました。ところが、ここでフェレンツィによって外傷論が再び持ち上げられているのです。フロイトはこれを嫌いました。

その後、フェレンツィはフロイトに冷遇されることになってしまいました。そして悪性貧血という病気に罹ってしまい、まだこれからというときに世を去りました。さらに、亡くなった後も精神分析コミュニティ全体から冷遇されることになってしまいました。大体、半世紀ぐらい冷遇されていたのです。一九八八年になって、ようやくフェレンツィの『臨床日記』*Clinical Diary* という本が英訳されたことがきっかけになって、フェレンツィの再評価が始まりました。フェレンツィ・リバイバルです。

冷遇といっても、フェレンツィは完全に無視されていたわけではありません。ただ、精神分析のいわゆる主流派の人には特に冷遇されていました。フェレンツィの分析を受けたアメリカの精神分析家にクララ・トンプソン Clara Thompson という人がいました。トンプソンは、当時アメリカで非常に有名で、精神医学は**対人関係論** *interpersonal theory* であると唱えた精神科医のハリー・スタック・サリヴァン Harry Stack Sullivan の盟友でした。トンプソンとサリヴァンは対人関係学派を立ち上げ、精神病理について独自の考えを練り上げていたのですが、自分たちの考えを同じようなことを、ヨーロッパのフェレンツィという人が言っているようだ、と知りました。そこでトンプソンとサリヴァンは、ヨーロッパまで行って、フェレンツィに分析を受けようと考え出したと言われています。結局二人で渡欧することはなく、トンプソンだけがフェレンツィの元に向かいました。

その結果、フェレンツィのアイデアは、アメリカの対人関係学派の内部で受け継がれることになりました。ヨーロッパでは、マイケル・バリント Michael Balint という分析家がフェレンツィから多大な影響を受けています。フロイトを精神分析の父親と考える人は多いのですが、一方、フェレンツィを精神分析の母親と考える人もいます。フェレンツィは、今から振り返ると過激すぎる治療をしていたように見えますが、独特な魅力がある人です。そういうこともあって、少し長く話しました。

カール・アブラハム Karl Abraham（1877-1925）

アブラハムも重要な人物です。アブラハムはメラニー・クラインの二番目の分析家でした。あとでクラインとフロイトの娘のアンナ・フロイトが、どちらがフロイトの後継者か、ということをめぐって論争をするのですが、そのクラインが非常に影響を受けたのがアブラハムです。アブラハムは精神分析における攻撃性を強調した人として有名です。

クラインも、攻撃性を非常に重要視しています。特に、口唇期における攻撃性を重要視しています。カール・アブラハムは、この口唇期における攻撃性の重要性をいち早く指摘した人です。

口唇は物を食べるのに、あるいは発声するのに使われますが、そればかりではなく、性的な意味もあるというのが精神分析の考え方でした。フロイトは性感帯の最初のものとして口唇を挙げました。キスをするという行為は情愛表現の一つです。あるいは、「口寂しい」という表現があります。何か心理的に寂しい感じがするときに、人は口に何かを入れたくなるものです。別にお腹が空いているわけでもないのに、何かを食べたくなったりするのは、情愛が満たされていないためかもしれません。口唇的欲求がリビドー的な（リビディナルな libidinal）欲求であるということはよく分かると思います。

ところが、口は使い方によっては非常に攻撃的にもなります。噛みつく、という動作が典型的です。動物は、噛みつくことで攻撃します。歯は食べ物を噛む以外に、攻撃にも使われます。赤ん坊に歯が生えてくるということは、口によってより多くの種類の食べ物を食べられるようになること以外に、口で攻撃することができるようになることを意味します。口唇的欲求の攻撃的な（アグレッシヴな aggressive）側面です。このように、口というのは、非常にアンビバレントな部位です。口で愛することもできるし、攻撃したりすることもできるのです。

あと、フロイト以降の精神分析、特に対象関係論の流れの中で極めて重要になる概念として、**部分対象** *part object* という概念があります。それを最初に論じたのがアブラハムでした。部分対象とは、たとえば口唇とか、乳房とか、性器とか、人の一部だけが対象となっているような概念です。

これまでは、対象と言えば、対象全体のことを指すものとして話してきました。人であれば、人全体です。私たちは人を考えるとき、意識的には、人全体のことを考えていると思います。

しかし、部分対象というのは対象の一部のことで、特に無意識的世界においては、この部分対象というものが重要になるのです。それが次回以降話す対象関係論の中で言われていることです。

部分対象というのは、たとえば今、誰か大学の先生に皆さんが会いに行くとします。そのときにはもちろん意識的には○○先生に会いに行くのだ、と思って会いにいくのだけども、人によっては、あるいは場合によっては、○○先生を、ある一人の人間全体としてではなく、単に成績を付ける機能としてしか見ていない場合があります。○○先生は成績を付ける機能を果たしているだけではなくて、大学では他の仕事もしていて、さらには家に帰れば家族がいたり、友人がいたり、休日には遊んだりしている。学生に対しても、成績を付ける相手としての気持ちだけではなくて、自分の考えに関心を持ってくれる人であるとか、自分を批判的にみている人であるとか、いろいろな印象を持っている可能性があります。そのようなたくさんの人としての側面のうちのほんの一つが成績を付ける機能です。

ところが、そういう全体像をこころの中で受け入れずに○○先生に接する場合があります。そういう対象としての○○先生を部分対象と呼び、そのような部分対象との関係を**部分対象関係** *part-object relation* と呼びます。それがどこに由来するのかというと、一気に飛ぶのですが、母親の乳房との関係だ、というのが精神分析の考え方です。

母親というのは、赤ん坊にとっては母乳を与えてくれる対象です。そしてそれこそが重要です。でも、母親にも他の事情があるわけです。夫もいたりするし、普通に自分自身もお腹が空いたりもします。けれども赤ん坊はそういう事情を考える余裕はありません。そういう関係が部分対象関係です。赤ん坊にとっては、母親は乳房であって、それ以上でも以下でもありません。

他にも、たとえば医師に接するときに、治療者としての機能だけの対象とみなして接してくる人がいます。治療者もお腹が空いたり疲れたりするなんて考えもしないという人もいます。それは母親がお腹が空いたり疲れたりする、などということを考えもしない赤ん坊と同じです。それが部分対象関係です。部分対象関係に対して、一人の人間全体に対して関わるような関係のあり方を**全体対象関係** *whole-object relation* と言います。このあたりの話は対象関係論の講義のところで詳しく話しますが、こういう、対象関係の二つの種類について最初に言及したのがアブラハムでした。

アーネスト・ジョーンズ Ernest Jones（1879–1958）

そしてアーネスト・ジョーンズです。フロイトの周囲には非常に個性的な人たちが集まっていて、人間関係はかなり複雑だったようです。フロイトへのアンビバレンスも、ユングやフェレンツィの例からも、相当なものだったことがうかがい知れます。ユングはフロイトのリビドー論が気に入らず、自分はもう自分の道を行く、と言って精神分析を離れてしまいましたし、フェレンツィも、途中までは忠実な弟子でしたが、最後にはフロイトに反逆しています。その中でジョーンズは、フロイトに終始忠実な弟子でした。ジョーンズとフェレンツィは、フロイトを巡ってライバル関係にありました。それでジョーンズは、フェレンツィは狂っている、と言ったり、こき下ろしたりしています。

ジョーンズという人は、いわばフロイトの腹心で、常にフロイトに忠実な人でした。分析もフロイトに受けています。ジョーンズはフロイトの最も有名な伝記の著者で、その仕事で今でも広く知られている人ですが、忠実な弟子であるからこそできた仕事だったと思います。

マックス・アイティンゴン Max Eitingon（1881–1943）

精神分析の訓練モデルには**アイティンゴン・モデル** *Eitingon model* というものがあるのですが、アイティンゴンはそれを最初に言いだした人です。精神分析の訓練は、訓練分析を受けること、スーパーヴィジョンのもとで精神分析ケースをもつこと、精神分析の講義を受けること、この三本柱からなる、というモデルです。アイティンゴン・モデルはＩＰＡが認めている精神分析の訓練の中でも最重要のモデルとして知られています。ほかには、**フランス・モデル** *French model*、**ウルグアイ・モデル** *Uruguayan model* という訓練モデルもあります。ＩＰＡに加盟している精神分析インスティテュートは、この三つの訓練モデルの中のどれか一つを選んで、それに従って訓練を行わなければなりません。

ルートヴィッヒ・ビンズワンガー Ludwig Binswanger（1881–1966）

ビンズワンガーという人は、精神分析家というよりも、精神病理学者として大変有名です。ビンズワンガーは、**現存在分析** *Daseinsanalyse*（独）という分析分野の創始者として有名です。現存在 Dasein（独）という言葉は、哲学者のマルティン・ハイデガー Martin Heidegger の言葉で、通常の存在者とは異なる、存在するということそのものを支えるような、より根源的な存在者というような意味です。具体的には、存在とは何かと問うている存在、すなわち人間存在のことを指します。そのような存在論的観点から人間というものを考えて分析をするのが現存在分析です。ビンズワンガーの本は何冊か日本語にも訳されています。

メラニー・クライン Melanie Klein（1882–1960）

次にメラニー・クラインという人です。この人は非常に独創的な人で、女性の精神分析家です。精神分析は、女性が特に大活躍する分野です。他の分野に比べると、女性の活躍が目立ちます。クラインは、フロイトの娘のアンナ・フロイトと共に、その先駆けでした。

クラインはウィーンに生まれました。もともと医師になりたかったようなのですが、いろいろな事情から医師にはなれませんでした。それどころか、大学教育も受けられなかったのです。二一歳で結婚して、子どもを産みました。恵まれているとは言えない来歴の人です。

ただ、精神分析への想いには非常に強いものがありました。それで、大学には行けなかったけれども、諦め切れずにいたようです。その後うつ状態に陥ったときにフェレンツィから分析を受けて、後にさらにアブラハムから分析を受けました。やがて、ジョーンズとも親しくなって、皆に認められて、学歴も全くないのに、精神分析の世界でのし上がったという、凄い人です。

彼女の考えに追随する人がどんどん増えていって、やがてクライン派というグループを作るようになりました。精神分析の世界では、フロイトの次くらいに有名な人の一人です。

クラインは、極端なほどに想像力のある人で、人類が恐らくそれまで全然考えたことがなかったような思索を展開しています。クラインは発達早期における**空想** *phantasy* の役割を拡張しました。空想の意義についてはこれまでも何度か触れましたが、ここで英語のスペルが fantasy ではなくて phantasy となっていることに注目してください。クラインは、自分が言っている空想が、通常の意味での空想ではなくて、原始的なこころにおける空想という特別な意味での空想である、ということ言うために phantasy というスペルを用いました。

クラインによれば、赤ん坊のこころの中には、生まれた直後から生と死をめぐるおどろおどろしい空想の世界が繰り広げられます。クラインはフロイトの死の欲動の概念に魅せられていたので、生まれた直後に赤ん坊が泣き喚くのは死の欲動のためである、と考えたのでした。

クラインは子どもの遊びの中に、発達早期における原始的な空想が表現されていると考えました。クラインの事例を読むと、クラインがそういう発想で患者の治療にあたっていたということがよく分かります。たとえばクラインは、子どもとのプレイ・セラピーの中で、子どもに電車の模型を見せて、それを使って遊んでいるのを観察します。駅に見立てた窓の方に電車をころがす遊びを子どもの患者がしていたのです。それを観察していたクラインは、駅はお母さんで、電車は子ども自身だ、と考え、患者がお母さんの体の中に入っていく、と解釈したのです。なぜそのようなことが言えるのか、ということですが、クラインに言わせれば、子どもがそういう遊びをするのは子どもの内的世界における無意識的空想のためです。それが遊びの中にも表れてくる、とクラインは考えたのです。「まるでお母さんの中に入っていくかのようですね」と言うのだったら、それはそういう比喩を用いているということですが、クラインは比喩で言っていたのではありません。こころの中の世界では本当にそうだ、と思うからそう解釈したのです。そういう激烈な解釈をたくさん生み出した分析家です。

アンナ・フロイト Anna Freud（1895–1982）

そのクラインと論争を繰り広げたのが、アンナ・フロイトです。フロイトには六人の子どもがいたのですが、その中で一番年下だったのがこのアンナです。この人はフロイトの六人の子どもの中で精神分析家になった唯一の子どもですが、偉大なフロイトを父親にもったことで、よいことばかりではなく、しんどいこともたくさんあったようです。

アンナ・フロイトは、どうも母親、すなわちフロイトの妻であるマルタにあまり好かれていなかったのではないか、という話があります（Breger, 2000）。すでに何人も出産して、マルタがすっかり疲れ果てているところにアンナが生まれてきたためだった、とも言われています。二つしか年の離れていない姉のソフィーがとても可愛くて、家族の中で人気者だったけれども、アンナはそれほど可愛くはなかった、ということもあったようです。アンナ・フロイトは大人になってから、年配の女性に惹かれていくところがあったのですが、それも母親からの愛情が不十分で、それを代償しようとしてのことではないか、と言われています。彼女はレズビアンだったとも言われています。

一方で、アンナ・フロイトは知的には非常に優れており、フロイトのお気に入りでもありました。ただ、ある性癖がありました。それは、年配の男性にぶたれる空想をしながらマスターベーションをする、というものでした。それで結局彼女は精神分析を受けることになったのですが、なんとそれはフロイトからだったのです。実の父親に精神分析を受けるということは、現代の基準で考えると論外だと思うのですが、当時精神分析家はほとんどいませんから、仕方なかった面もあるのでしょう。彼女はその後ウィーン精神分析協会の会員になっています。

アンナ・フロイトの人生は、私生活でもキャリア面でもなかなか複雑なものでした。キャリア面では、ハムステッド児童セラピーコースおよびクリニック Hamstead Child Therapy Course and Clinic というところで長年子どもの治療に従事し、教鞭を取っていたことが重要です。アンナ・フロイトは基本的に子どもの治療者でしたが、精神分析家としての業績も堂々たるものがあります。アンナ・フロイトは自我心理学派の確立にあたっての最大の貢献者でした。自我心理学の源流は、フロイトにあります。フロイトの『自我とエス』の話をしました。無意識はエスに代表されるのですが、自我自体にも無意識の部分があるという話をしました。したがって、自我の分析をしないと、エスに到達できません。エスの全貌を知るために、エスを無意識の世界の中で抑えているものを分析したいのですが、それはすなわち自我の無意識的な部分を分析することです。エスの分析の前にそちらを先に解釈しないといけないのです。そのことを論じたのが自我心理学ですが、フロイトの撒いた自我心理学の種をもっと拡張したのが、アンナ・フロイトでした。

アンナ・フロイトの書いたものは、こころを機械のように考えている感じが伝わるもので、いかにもフロイトの伝統を引き継ぐ自我心理学という感じがします。防衛について、フロイトが考えた以上にいろいろ考えた人です。あとは、中立性というものを明確に定義したのはこの人です。中立性とは、エス、超自我、自我から等距離であることだ、と言いました（A. Freud, 1936, p. 28）。分析家は、患者が欲望をそのまま満たすことを勧めたり、ルールを守るとか理想に向かうことをことさら患者に勧めたり、バランスを取って適応することを患者に勧めたりしてはならない、ということです。分析家は、エス、超自我、自我のどれかに加担するのではなく、その一つ一つとそれらの間の葛藤の分析に集中すべきなのです。

アンナ・フロイトとクラインの論争

一九三八年に、アンナ・フロイトはフロイトと一緒にナチスの迫害を逃れてウィーンからロンドンに移りました。フロイトは一九三九年に亡くなってしまいましたが、その後、アンナ・フロイトとメラニー・クラインの間に、精神分析の正統な継承者の地位をめぐっての激しい論争が起きました。一九四一年から一九四五年の間のことです。

アンナ・フロイトとクラインの考え方には、正反対に近いところがありました。子どもの精神分析をめぐっての意見が特に食い違っていました。アンナ・フロイトもクラインも、子どもの精神分析を始めた人で有名なのですが、アンナ・フロイトはどちらかというと現実的な適応を重視するところがあって、教育的なアプローチだったのです。でもクラインは、子どもの遊びの中には原始的な空想が生き生きと表れており、それを解釈していくことが大切だ、と考えていました。

クラインの考え方は非常に革新的で、これこそが今後の精神分析が進む道だ、と考える人たちも周囲に出てきたのですが、一方で、空想の意義が極端に拡大されていて、フロイトの精神分析とは似ても似つかぬものになってしまっているのではないか、という懸念の声もありました。後者の考え方を取っていた精神分析家の代表がアンナ・フロイトでしました。アンナ・フロイトは、フロイトが『自我とエス』以降確立した自我心理学こそが精神分析の向かう道だと考えていた。

　そのようなわけで、その後お互いに貶し合うような関係に陥ってしまいます。しかし、いつまでもそのようなことをやっているわけにもいかないので、結局、アンナ・フロイトの**自我心理学派** *Ego Psychology School* のグループをAグループ、メラニー・クラインのグループをBグループとして、違う考え方のグループとして併存することでやっていきましょう、となりました。加えて、AグループとBグループのどちらにも加わりたくない人たちもいて、その人たちは、中間グループというグループを作ることになりました。Bグループはその後クライン派と呼ばれるようになりました。中間グループは、**中間学派** *Middle School* と呼ばれるようになりました。中間学派は後に、**独立学派** *Independent School* とも呼ばれるようになります。このような事情で、イギリスには、アンナ・フロイト率いる自我心理学派、クライン率いるクライン派、その他の分析家の中間学派あるいは独立学派ができあがったのです。

　精神分析の世界というのは、アンナ・フロイトとクラインの論争ほどではないですが、力のある人が出てくると、その追随者と反対者が出てきて、対立して離れたり、といったことを繰り返しています。それはどうやら、純粋な学問的論争の結果というよりも、個人的な感情と結び付いているようです。この世界はどうもそういうものみたいで、それが普通の学問の世界とはやはり違うところです。

　精神分析の世界では、自分が信奉している分析家や、自分が所属している学派を批判されることが苦手な人が少なからずいる印象です。親を批判されたように感じるからかもしれません。分からないでもないのですが、私は、議論を始める前に結論が決まっていて、自分の学派が正しいというところに必ずたどり着く、という話し方にならないようにこころがけたいと思っています。

私はアメリカでは二つの精神分析インスティテュートで学んだので、フロイトの流れとフェレンツィの流れの両方の影響を受けていると自分では思っています。ただ、フェレンツィの流れの影響が比較的大きい研究所の方を最終的に卒業したので、私の周りには、フロイトの考え方に割と批判的な意見を持っている人が多かったように思います。反対者を内部に抱えていることは、精神分析の世界の健全さを保つ上で大切なことだと私は思います。

あとがき

本書は、精神分析の全体像を分かりやすく紹介することを目標として書いたものである。日々精神分析の実践にあたっている精神分析家として、精神分析の理論と実践の両面について詳しく述べた。大学生や大学院生などの、精神分析の初学者および精神分析をある程度学んだ方を念頭に置きつつ書いたが、一方で、精神分析をすでにかなり学んでいる方にとっても参考になるような内容も少なからず盛り込んでいる。

精神分析は難解であるとしばしば言われる。精神分析を構成する概念は沢山あるが、その一つひとつが、確かに、容易には理解できないものかもしれない。精神分析は生きた実践であるから、精神分析概念の細部の知的理解にこだわりすぎる必要はないとも言えなくはないが、一方、精神分析的な実践のためには、主要な精神分析概念について自分なりにしっかりと「分かった」と感じられている必要があることも事実である。

本書では、読者に、自分の中で「分かった」感じを十分に持っていただけるようなかみ砕いた説明を心掛けた。たとえば、欲動や超自我といった概念について考えてみて、十分に「分かった」と感じることができずにいる方は少なからずいるのではないかと思う。精神分析の基本概念として定着しているこれらの言葉について、改めて問い直し、「分かる」まで考えることが質の高い臨床実践につながる。そのための一助となるべく、なるべく平易な表現で説明を試みた。

本書は16の「講義」からなっている。それは本書が、私の上智大学での一連の講義をもとに改めて執筆したものであるという事情による。私が二〇一九年に上智大学に赴任してからすでに四年以上が経過した。この間、学部生向けの精神分析の講義や大学院生向けの精神分析の講義を担当してきた。それらの講義で話したことを、改めて、より明確な表現に直し、そして講義では時間の関係で触れることのできなかった事柄にも言及するという作業を、一つひとつの講義について行っていった。その結果、本書は当初の講義以上に、詳しい内容を含むものになった。そして、それぞれの講義自体で扱う範囲も変わってきた。そのような事情で、最終的に16の章にまとまることになった。その意味で、この本は、通常の講義録のように「すでにどこかで行った講義」の講義録ではなく、「これから行いたい講義」の講義録である、とも言える。

実際、私の講義に実際に出席していた学生の皆さんが本書を読むならば、「これは講義で言っていた通りだ」と感じられるところがあるかと思えば、「それは聞いてない」と思うところもあるだろう。それは、同じ講義シリーズでも年によって話すことが少々違うという事情に加えて、本書には、別の講義で話したことや、さらには大学外のセミナーで話したことも一部含まれているという事情からである。

分かりやすさを心がけた結果、当初想定していたよりも、逆にかなり発展的な議論も数多く盛り込まざるを得なくなった。分かりにくいところを避けずに、分かるところまで掘り下げて議論をした結果なので、慎重に読み進めていただければ、理解できるという感覚に到達していただけるのではないかと思う。

本書を読んで、「精神分析はやはり難しい用語や概念が多すぎる」と感じてしまう方もいるのでないかと想像する。精神分析は、確かに、決して取りつきやすい言葉では書かれていない。しかし、精神分析は、本物志向の真剣な実践であり、そのためには、ある程度の難解さは避けられない。他の言い方をすれば、精神分析は、簡単に消費できるようなものではないのである。精神分析に誠実に取り組みたい読者は、次々と現れる精神分析用語に圧倒されずに、なんとか読み続けてほしいと思う。すべてを一度に理解し、覚えることはできないかと思うが、精神分析の他の本も含めて繰り返し学ぶ中で、自然に自分なりの理解が蓄積していくのではないかと思う。

精神分析の講義は、しばしばフロイトの精神分析の紹介までで手一杯になることが多いが、本書では、フロイトの精神分析に加えて対象関係論についても詳しく説明した。さらに、それにとどまらず、自己心理学、対人関係・関係精神分析についても紹介することで、精神分析を広く俯瞰する眺望が得られるように構成した。上巻でフロイトの概念に馴染んでいただいたあと、近刊予定の下巻では、対象関係論以降の精神分析について詳述している。

上巻は、フロイトの精神分析の紹介が中心であるため、参考文献は、当然のことながらフロイトの著作が多くなった。フロイトの紹介にあたっては、人文書院の『フロイト著作集』、および岩波書店の『フロイト全集』を参考にさせていただき、必要に応じて修正を加えた形で用いている。膨大なフロイトの著作を緻密に訳出された訳者の先生方に深謝したい。

本書を構想したのはしばらく前になるが、カバーしようとしている範囲が広いため、なかなか書き終えることができなかった。岩崎学術出版社の長谷川純さんには、本書の企画の段階から相談させていただき、さまざまなご助言をいただいた。講義録をもとにしていることもあって、読みやすいものに仕上げるのは大変な作業であったが、それにお付き合いいただけたことで、ようやくこうして本書が日の目を見ることができるようになった。こころより感謝申し上げたい。

私の講義を受講していた学生の皆さん、そしてさまざまな講演会やセミナーの出席者の皆さんからのフィードバックや質問は、本書の執筆の上で大変参考になった。熱心に参加してくださった皆さんに感謝したい。

最後に、いつもながら、温かく執筆を見守ってくれた家族に感謝したい。

二〇二三年九月

吾妻　壮

Dreams（英） Metapsychologische Ergängzung zur Traumlehre（独）
1917 喪とメランコリー Mourning and Melancholia（英） Trauer und Melancholie（独）
1916-1917 精神分析入門 Introductory Lectures on Psycho-Analysis（英） Vorlesungen zur Einführung in die Psychoanalyse（独）
1920 快感原則の彼岸 Beyond the Pleasure Principle（英） Jenseits des Lustprinzips（独）
1921 集団心理学と自我の分析 Group Psychology and the Analysis of the Ego（英） Massenpychologie und Ich-Analyse（独）
1923 自我とエス The Ego and the Id（英） Das Ich und das Es（独）
1925 自己を語る An Autobiographical Study（英） Selbstdarstellungen（独）
1926 制止、症状、不安 Inhibitions, Symptoms and Anxiety（英） Hemmung, Symptom und Angst（独）
1928 フェティシズム Fetishism International Journal of Psychoanalysis 9: 161–166
1930 文化への不満 Civilization and its Discontents（英） Das Unbehagen in der Kultur（独）
1931 Female Sexuality（英）
1933 精神分析入門（続） New Introductory Lectures on Psycho-Analysis（英） Neue Folge der Vorlesungen zur Einführung in die Psychoanalyse（独）
1937 終わりある分析と終わりなき分析 Analysis Terminable and Interminable（英） Die Endliche und die Unendliche Analyse（独）
1938 精神分析学概説 An Outline of Psycho-Analysis（英） Abriss der Psychoanalyse（独）
1939 人間モーゼと一神教 Moses and Monotheism（英） Der Mann Moses und die Monotheistische Religion（独）

それ以外の文献

Breger, L. (2000) Freud: Darkness in the Midst of Vision. John Wiley & Sons Inc.
Ferenczi, S. (1933) Sprachverwirrung zwischen den Erwachsenen und dem Kind. Internationale Zeitschrift für Psychoanalyse 19: 5–15
Freud, A. (1936) The Ego and the Mechanism of Defense. International Univesity Press, New York.
Levenson, E. A. (2012) Psychoanalysis and the Rite of Refusal. Psychoanalytic Dialogues 22: 2-6
マイク・ニコルズ監督 (1967) 卒業．ダスティン・ホフマン主演．Embassy Pictures
日本聖書協会（1987, 1988）聖書 新共同訳—旧約聖書

文　献

フロイトの重要な文献

1894　防衛精神神経症　The Neuro-Psychoses of Defence（英）　Die Abwehr-Neuropsychosen（独）
1895　科学的心理学草稿　Project for a Scientific Psychology（英）　Entwurf einer Psychologie（独）
1895　ヒステリー研究　Studies on Hysteria（英）　Studien über Hysterie（独）
1900　夢判断　The Interpretation of Dreams（英）　Die Traumdeutung（独）
1901　日常生活の精神病理学　The Psychopathology of Everyday Life（英）　Zur Psychopathologie des Alltagslebens（独）
1905　性欲論三篇　Three Essays on the Theory of Sexuality（英）　Drei Abhandlungen zur Sexualtheorie（独）
1905　あるヒステリー患者の分析の断片　Fragment of an Analysis of a Case of Hysteria（英）　Bruchstück einer Hysterie-Analyse（独）
1911　精神現象の二原則に関する定式　Formulations on the Two Principles of Mental Functioning（英）　Formulierungen über die zwei Prinzipien des Psychischen Geschehens（独）
1912　転移の力動性について　The Dynamics of Transference（英）　Zur Dynamik der Übertragung（独）
1912　分析医に対する分析治療上の注意　Recommendations to Physicians Practicing Psycho-Analysis（英）　Ratschlagefur den Arzt bei der Psychoanalytischen Behandlung（独）
1913　分析治療の開始について　On Beginning the Treatment（英）　Zur Einleitung der Behandlung（独）
1914　想起、反復、徹底操作　Remembering, Repeating and Working-Through（英）　Erinnern, Wiederholen und Durcharbeiten（独）
1914　ナルシシズム入門　On Narcissism: An Introduction（英）　Zur Einführung de Narzißmus（独）
1915　本能とその運命　Instincts and Their Vicissitudes（英）　Triebe und Triebschicksale（独）
1915　抑圧　Repression（英）　Die Verdrängung（独）
1915　無意識について　The Unconscious（英）　Das Unbewusste（独）
1917　夢理論のメタ心理学的補遺　A Metapsychological Supplement to the Theory of

わ行

ま行

や行

ら行

な行

は行

た行

さ行

索　引

あ行

か行

著者略歴

吾妻壮（あがつま　そう）

1970年　宮城県生まれ

1989年　宮城県仙台第二高等学校卒業

同　年　東京大学理科一類入学

1994年　東京大学文学部第三類ドイツ語ドイツ文学専修課程卒業

1998年　大阪大学医学部医学科卒業

2000〜2009年　米国アルバート・アインシュタイン医科大学，コロンビア大学精神分析センター，ウィリアム・アランソン・ホワイト研究所留学

国際精神分析協会正会員，日本精神分析協会正会員・訓練分析家

現　職　上智大学総合人間科学部教授，個人開業

著訳書　関係精神分析入門，臨床場面での自己開示と倫理（以上共著，岩崎学術出版社），精神分析における関係性理論（誠信書房），精神分析的アプローチの理解と実践（岩崎学術出版社），精神分析の諸相（金剛出版），リア＝開かれた心（共訳，里文社），ビービー他＝乳児研究から大人の精神療法へ（共訳，岩崎学術出版社），ブロンバーグ＝関係するこころ（共訳，誠信書房）

実践詳解 精神分析16講（上）

—フロイト理論の誕生と展開—

ISBN978-4-7533-1230-6

著者

吾妻　壮

2023年10月29日　第1刷発行

印刷・製本　（株）太平印刷社

発行所　（株）岩崎学術出版社　〒101-0062 東京都千代田区神田駿河台 3-6-1

発行者　杉田 啓三

電話 03（5577）6817　FAX 03（5577）6837

乱丁・落丁本はおとりかえいたします　検印省略

精神分析的アプローチの理解と実践
吾妻壮著
アセスメントから介入の技術まで

臨床場面での自己開示と倫理——**関係精神分析の展開**
岡野憲一郎編著　吾妻壮・富樫公一・横井公一著
精神分析の中核にある関係性を各論から考える

連続講義 精神分析家の生涯と理論
大阪精神分析セミナー運営委員会編
分析家たち自身の苦悩の足跡をそれぞれの第一人者が語る

当事者としての治療者——**差別と支配への恐れと欲望**
富樫公一著
欲望をかかえた治療者はどのように臨床実践と向き合うのか

トラウマと倫理——**精神分析と哲学の対話から**
C・B・ストロジャーほか著　富樫公一編著・監訳
間主観的視座から過去に向き合い未来を見渡す

精神分析が生まれるところ——**間主観性理論が導く出会いの原点**
富樫公一著
人と人との出会いという視座から臨床上の問題を検証する

解離性障害と他者性——**別人格との出会いと対話**
岡野憲一郎著
交代人格といかに出会うか

精神分析新時代——**トラウマ・解離・脳と「新無意識」から問い直す**
岡野憲一郎著
脳科学の視点から精神分析の前提に一石を投じる

集中講義・精神分析（上）（下）
藤山直樹著
精神分析とは何か／フロイトの仕事｜フロイト以後